리얼라이프 한국어
Real Life Korean

리얼라이프 한국어
Real Life Korean

초판 인쇄 Ⅰ 2009년 1월 20일
초판 발행 Ⅰ 2009년 1월 30일

지은이 Ⅰ 김덕신, 김수미, 김숙자, 라인정, 안연희
영문 번역 Ⅰ 안현주
영어 감수 Ⅰ 랄프 윤(Ralph yune)
만화 Ⅰ 남기보

펴낸이 Ⅰ 박찬익
책임 편집 Ⅰ 이영희

펴낸곳 Ⅰ **도서출판 박이정**
　　　　서울 동대문구 용두동 129-162 (우 130-070)
　　　　전화 Ⅰ 02-922-1192~3
　　　　팩스 Ⅰ 02-928-4683
　　　　홈페이지 Ⅰ www.pjbook.com
　　　　이메일 Ⅰ pijbook@naver.com
　　　　온라인 Ⅰ 국민 729-21-0137-159
　　　　등록일자 Ⅰ 1991년 3월 12일
　　　　등록번호 Ⅰ 제 1-1182호

ISBN 978-89-6292-014-7 (93710)

리얼라이프 한국어
Real Life Korean

김덕신
김수미
김숙자
라인정
안연희

도서
출판 박이정

모든 선생님들은 "어떻게 하면 꼭 필요한 내용을 더 쉽게 가르칠 수 있을까?" 하는 고민을 할 것입니다. 특히 외국인을 위한 한국어 교육은 아직은 그 역사가 길지 않아 한국어 선생님들은 더욱 심각하게 고민할 수밖에 없습니다. 이 책은 이런 고민을 같이 하던 사람들의 열매입니다.

이 책의 저자들은 처음에는 한국어를 쉽게 가르쳐 보자고 모였습니다. 함께 연구하고 토론하면서 "이렇게 가르치면 좋겠다.", "이런 내용은 이것과 함께 가르치면 더 좋겠다."라는 생각을 하게 되었고 그 생각들을 한 권의 책으로 묶게 되었습니다.

현재 한국어를 처음 배우는 사람들을 위한 교재는 많이 있지만, 그 이상을 배우고자 하는 사람들을 위한 회화책은 그 수가 매우 적습니다. 특히 대학 등의 교육 기관에 다니기 어려운 외국인들이 볼 만한 한국어 책은 거의 없습니다. 이 책은 누구나 어렵지 않게 한국어를 만나고 익힐 수 있는 책, 초급 수준의 회화에서 중급 수준의 회화로 자연스럽게 이어질 수 있는 회화책으로 만들어졌습니다. 우리는 이 책이 한국어라는 징검다리의 튼튼한 돌 하나가 되기를 소망합니다.

이 책을 구상하고 집필하면서 여러 차례 계절이 바뀌었고, 그 사이 저자들 중 2명의 아기가 책보다 먼저 세상에 나왔습니다. 무더운 여름날, 더위도 못 느낀 채 문장을 다듬었던 기억이 아직도 생생합니다. 한국어를 배우는 사람들도 이 책으로 더위를 잊을 수 있다면 좋겠습니다.

끝으로 이 책이 나오기까지 도와주신 번역자, 삽화가, 그리고 박찬익 사장님을 비롯한 박이정 가족들에게 깊은 고마움을 전합니다.

2009년 1월
저자 일동

All teachers wonder how to make students learn essential contents of studies in the easiest ways. Especially in the case of Korean language for foreigners, the history of teaching Korean isn't very long. Thus, it makes Korean language teachers think harder about how to teach. This book is the fruit of those who have strives so hard to find ways to teach Korean.

The authors of this book gathered to make teaching Korean as easy as possible. We have researched on ways to sufficiently teach and like, "This is would be the most efficient to be taught by this." or "This would be best learned if we do it like this." and etc.

Even though there are many books for learning the Korean language, there aren't many books that teach Korean and show Korean in detail of a higher level. And in the case of the people who must study academically in majors of universities, it is more rare.

This book has been designed to be learned easily in a step by step system starting from beginner to intermediate levels. We hope this book will fill in the missing gaps of your bridge in the process of learning Korean!

In the process of making this book, many seasons came and even two babies of the authors came as well. Through the hot summer days, we didn't even feel the heat from constructing each and every sentence in this book. We wish this book will make you forget the cold of winter and the heat of summer.

Last, we give thanks to the translators, illustrators, the chairman Mr. Chan-ik Park, and the to the family of Pagijong Press.

From the authors, 2009. January

이 책은 기초 한국어를 익힌 외국인들에게 적합한 회화 위주의 책이다. 그러므로 편리하게 들고 다니며 필요할 때 쉽게 찾아서 곧바로 이용할 수 있는 표현들로 이루어져 있다. 전체는 12장으로 구성되어 있다. 각 장은 상황별 장면들로 이루어져 있으며, 장별로 3~5과가 있다. 각 과는 대화, 단어와 표현, 그림으로 배워요, 이럴 땐 이렇게 말해요, 연습해 봅시다, Tip으로 구성되어 있다.

1 대화

그 과에서 학습할 내용을 대화문으로 구성하였다. 생활에서 필요한 여러 가지 상황이 제시되어 있으며, CD(mp3)를 반복해서 들으면서 정확한 발음과 억양을 익힐 수 있다.

2 단어와 표현

대화에 나오는 새로운 단어나 표현을 순서대로 제시하였다. 동사나 형용사는 기본형으로 제시하여 사전을 찾을 때 도움을 주고자 했다.

3 그림으로 배워요

각 과의 주제와 관련된 어휘 또는 문장을 그림이나 사진과 함께 제시하여 쉽게 이해할 수 있도록 했다.

4 이럴 땐 이렇게 말해요

대화의 내용과 관계있는 여러 상황에서 사용되는 표현을 제시하여 회화 연습을 할 수 있도록 했다.

5 연습해 봅시다

대화에 나오는 문장 중에서 중요한 문형을 두 개씩 골라 반복해서 연습할 수 있도록 했다.

6 Tip

일상생활에서 많이 쓰이는 관용어나 속담, 유행어 등을 이해하기 쉽도록 그림과 함께 제시했다. Tip 주제의 의미는 영어로 설명하여 정확한 의미를 알 수 있게 했다.

This is a conversation book appropriate for foreigners who learned a fundamental knowledge of Korean. You will find the necessary expressions from the book without difficulty and use them in your own everyday life.

It is made up of 12 chapters, each chapter has a situational story, and has 3 to 5 units.

Each unit consists of parts of a dialogue, words and expressions, to be learned from the illustration, let's say it, let's practice, and tips.

1 Dialog

The objective in a dialog gives several necessary situations. You can learn the correct pronunciation and intonation by listening mp3 files repeatedly.

2 Word and expression

New words and expressions given in a dialog are in order. Verbs and adjectives are shown as fundamental forms to be helpful to look up in a dictionary.

3 Learn from the illustration

The photos or illustrations will help easily understand about a vocabulary or a sentence for the subject of the unit.

4 Let's say it

Several expressions relative to a dialog are shown to be helpful to conversation practice.

5 Let's practice

Important two sentence patterns picked up in a dialog are shown for practice.

6 Tip

It shows idioms, adages, popular words with illustrations to understand easily. English remarks can make it exactly understandable.

CHAPTER : 01 인사

CHAPTER : 02 사무실

CHAPTER : 03 퇴근

CHAPTER : 04 음식

CHAPTER : 05 쇼핑

CHAPTER : 06 외출

CHAPTER : 07 교통

CHAPTER : 08 편의시설

CHAPTER : 09 가사

CHAPTER : 10 초대

CHAPTER : 11 여행

CHAPTER : 12 구직

안녕하세요?
How do you do?

김민수	안녕하세요? 저는 김민수입니다.
왕웨이	안녕하세요? 저는 왕웨이입니다. 만나서 반갑습니다.
김민수	반갑습니다. 왕웨이 씨는 중국에서 오셨어요?
왕웨이	네, 저는 중국 사람입니다. 대학에서 한국어를 공부하고 있어요.
김민수	저는 회사원입니다. 한국무역에 다닙니다.

• •

김민수	다음에 또 뵙겠습니다. 안녕히 가세요.
왕웨이	네, 안녕히 가세요.

Kim Minsu	How do you do? I'm Minsu Kim.
Wang Wei	How do you do? I'm Wangwei. Nice to meet you.
Kim Minsu	Nice to meet you. Are you from China?
Wang Wei	Yes, I'm Chinese. I'm studying Korean at an university.
Kim Minsu	I'm an office worker. I'm working for Korea Trade.

• •

Kim Minsu	See you later. Take care.
Wang Wei	Bye Bye.

단어와 표현 Words and expression

반갑다	nice	• 안녕하세요?	How do you do? / hello?
공부하다	to study	• 만나서 반갑습니다.	Nice to meet you.
회사원	an office worker	• 다음에 또 뵙겠습니다.	See you next time.
무역	trade		
다니다	work for		

처음 만났어요. When to meet someone at the first time.

● 처음 뵙겠습니다. 반갑습니다.

　 It's the first time to meet you.

　 Nice to meet you.

❋ 만나서 반갑습니다. Nice to meet you.

길에서 어른을 만났어요. When to meet older person.

● 안녕하세요? How are you?

❋ 네, 안녕하세요? Fine, How are you?

길에서 친구를 만났어요. When to meet a friend.

● 안녕? 잘 지냈어?

　 Hi. how are you?

❋ 응, 잘 지내. 너는? Good. How are you?

헤어집니다. When to say good bye.

● 안녕히 가세요. Good bye.

❋ 안녕히 가세요. Good bye.(Say when you see off.)

❋ 안녕히 계세요. Good bye.(Say when you leave.)

　 ● 잘 가. Bye.

　 ❋ 잘 가, 다음에 만나자. Bye, see you later.

길에서 아는 사람을 만났을 때
Meeting a new acquaintance
There are many ways for greeting
but a detailed answer is not required.

- 안녕하세요? Hi.
- 어디 가세요? Where are you going?
- 식사하셨어요? Did you have a meal?
- 아침/점심/저녁은 드셨어요?
  Did you have a breakfast/lunch/dinner?
- 네, 안녕하세요? Yes, hi.

식사 초대를 받았을 때
Receiving an invitation(for dinner)

- 많이 드세요. / 많이 잡수세요.
  Help yourself please.
- 어서 드세요.
  Why don't you go ahead and eat?
- 네, 잘 먹겠습니다.
  Thank you. I will.

외국인을 만났을 때
Meeting foreigners

- 어느 나라에서 오셨어요?
  Where are you from?
- 중국에서 왔어요. I'm from china.
- 어느 나라 사람이세요?
  What's your nationality?
- 중국 사람이에요. I'm Chinese.

이런 인사도 있어요. Other greeting expressions

- 고맙습니다. / 감사합니다. Thank you.
- 뭘요. 별거 아닌데요. / 아니에요. No problem.
- 미안합니다. 죄송합니다. Sorry.
- 괜찮아요. That's all right.
- 실례합니다. Excuse me.

저는 왕웨이입니다. I am Wangwei.

| 저
이것
여기
저분 | 은/는 | 학생
전화
학교
선생님 | 입니다. |

대학에서 한국어를 공부하고 있어요.
I'm studying Korean at an University.

| 카페
극장
회사
백화점 | 에서 | 친구
영화
일
옷 | 을/를 | 만납니다.
봐요.
해요.
삽니다. |

"문 닫고 들어오세요."

● 왕웨이 : 안녕하세요? Hi.

ꔹ 김민수 : 어서 오세요.

　 추우니까 문 닫고 들어오세요.

　 Welcome. It's cold.

　 Please close the door as you come in.

● 왕웨이 : ? ? ?

안녕?

추우니까
문 닫고 들어
오세요.

Common Korean expression : 문 닫고 들어오세요.

It really means "Shut the door after you."

02 가족이 몇 명이에요?
How many are in your family?

영희	무슨 사진이에요?
에바	우리 가족사진이에요. 가족이 보고 싶어서요.
영희	저도 좀 보여 주세요. 가족이 모두 몇 명이에요?
에바	4명이에요. 이분은 제 아버지시고, 이분은 어머니세요.
영희	이 사람은 누구예요?
에바	여동생이에요.
영희	여동생이 참 예쁘네요.
에바	어머니를 닮았거든요.

Younghee	What photo is it?
Eva	This is a photo of our family. Because I would like to see them.
Younghee	Please let me see. How many are in your family?
Eva	Four. This is my father, and this is my mother.
Younghee	Who is this?
Eva	This is my younger sister.
Younghee	She is quite pretty.
Eva	She takes after mother.

단어와 표현 Words and expression

가족	family	모두	everyone
명	persons	닮다	resemble
무슨	what		
사진	photo	• 참 예쁘네요. It's quite pretty.
누구	who	• 어머니를 닮았거든요. ~ resemble mother.

1대

할아버지
grandfather

할머니
grandmother

2대

아버지
father

어머니
mother

3대

언니
older sister

오빠
older brother

나
myself

남동생
younger brother

여동생
younger sister

누나
older sister

형
older brother

나
myself

친척 Relatives

● 외할아버지/외할머니 : 어머니의 아버지/어머니

　a father/a mother of one's mother

❀ 외삼촌/외숙모 : 어머니의 남자형제/외삼촌의 부인

　a brother of one's mother/his wife

● 이모/이모부 : 어머니의 여자형제/이모의 남편

　a sister of one's mother/her husband

❀ 큰아버지/큰어머니 : 아버지의 형/큰아버지의 부인

　a younger brother of one's father/his wife

● 고모/고모부 : 아버지의 여자형제/고모의 남편

　a sister of one's father/her husband

- 가족이 몇 분이세요?
- 가족이 어떻게 되세요?
- 식구가 몇 명이세요?
  How many are in your family?
  How big is your family?
- 부모님과 남동생 1명이 있어요.
  I have parents and one younger brother.
- 할아버지, 할머니까지 모두 6명이에요.
  There are 6 people including my grand-
  father and grandmother.

- 여보, 식사하세요.
  Honey, meal is ready.
- 당신도 같이 먹어요.
  Let's eat together.

- 할아버지랑 할머니는 우리와 함께 사세요.
  My grandfather and grandmother are living with us.
- 애가 제 손자예요.
  This is my grandchild.

- 아버지는 연세가 어떻게 되세요?
  How old is your father?
- 형하고 아버지는 닮았어요.
  My father and my older brother are just alike.
- 아버지하고 저는 세대차이가 나요.
  There is a generation gap between my father and I.

🧑 가족이 보고 싶어서요. Because I would like to see my family.

영화 음악 노래 떡	이/가	보 듣 부르 먹	고 싶어서요.

🧑 이분은 제 아버지시고, 이분은 제 어머니세요.
This is my father, and this is my mother.

이것 여기 오늘 이곳	은/는	사과 사무실 일요일 학교	(이)고,	저것 저기 내일 저곳	은/는	굴 화장실 월요일 은행	이에요./ 예요.

Tip "우리 아빠와 저는 붕어빵이에요."

● 김민수 : 우리 아빠와 저는 붕어빵이에요.

My father and I are like fish-shaped buns.

붕어빵 A fish-shaped bun baked in a mold

Family who are just exactly alike.

이분은 제 방친구 왕웨이 씨예요.
This is my roommate Mr. Wang.

팜타이	김민수 씨, 안녕하세요?
김민수	안녕하세요. 팜타이 씨, 어디 가세요?
팜타이	친구하고 영화 보러 가요.
김민수	아, 그래요.
팜타이	이 사람은 제 방친구 왕웨이 씨예요. 중국에서 왔어요.
	왕웨이 씨, 이분은 회사 동료 김민수 씨예요. 인사하세요.
왕웨이	처음 뵙겠습니다. 저는 왕웨이입니다. 만나서 반갑습니다.
김민수	반갑습니다. 외국분인데 한국말을 잘 하시네요.
왕웨이	아직 잘 못해요.

Pham Thai	Hi, Minsu.
Kim Minsu	Hi, Mr.Pham. Where are you going?
Pham Thai	I'm going to see a movie with my friends.
Kim Minsu	Oh, I see.
Pham Thai	This is my roommate Mr. Wang. He is from China. Wang, this is my colleague, Mr. Kim Minsu. Say hello to each other.
Wang Wei	How do you do. I'm Wang. Nice to meet you.
Kim Minsu	Nice to meet you. You are a foreigner but you can speak Korean well.
Wang Wei	I can't do very well yet.

단어와 표현 Words and expression

어디	where	동료	colleague	• 제 방친구	my roommate
영화	movie	외국분	foreigner	• 처음 뵙겠습니다.	How do you do?
회사	company	아직	yet	• 잘 못해요.	I can't do well.

Grandpa, this is my friend Eva.
Eva, this is my grandfather. Say hello to him.

할아버지, 얘가
제 친구 에바예요.

에바야,
우리 할아버지셔.
인사드려.

안녕하세요?
How do you do?

그래, 반갑구나!
How do you do?
Good to see you.

김민수 씨,
제 동생이에요.

Minsu, this is
my younger sister.

안녕하세요?
How do you do?

안녕하세요? 반갑습니다.
How do you do?
Good to see you.

Professor, this is my mother.

교수님,
저희 어머니세요.

Mother, this is my professor.

어머니,
저희 학교
교수님이세요.

How do you do?
I am Kang Hansu.

I hope you will kindly
look after him.

처음 뵙겠습니다.
강한수입니다.

잘 부탁
드립니다.

● 오랜만입니다. 어떻게 지내셨어요?
I haven't seen you for a while. How have you been?

● 그 동안 잘 지내셨어요?
Have you been doing well?

● 그간 별일 없으셨죠?
How fares it with you?

● 요즘 어때요?
How are you these days?

● 왜 그렇게 연락이 없으셨어요? 무슨 일 있어요?
I couldn't see you for a while. What's the problem?

● 하는 일은 잘 돼 갑니까?
How's your business going?

● 가족 모두 건강하시죠?
How's your family doing?

● 안색이 좀 안 좋아요. 어디 편찮으세요?
You don't look well. What's wrong with you?

※ 좋아 보이네요.
You look great.

※ 덕분에 잘 지냅니다.
Fine, thank you.

영화를 보러 가요. I'm going to see a movie.

| 책
스키
밥
친구 | 을/를 | 사
타
먹
만나 | (으)러 가요. |

외국분인데 한국말을 잘 하시네요.
You are a foreigner but you can speak Korean well.

| 친구
시험
휴일
겨울 | 인데 | 닮았어요.
공부를 안 했어요.
일을 해요.
춥지 않아요. |

Tip 찬물도 위아래가 있다.

● 찬물도 위아래가 있다.

There is a top and bottom even for cold water.

It means that the older is in the first place for even small things.

04 저장이 안 돼요.
It doesn't work for saving.

타나카	김 대리님, 지금 바쁘세요?
김민수	아니요, 괜찮아요. 왜요?
타나카	제 컴퓨터가 이상해요. 저장이 안 돼요.
김민수	어디 좀 볼까요? 음, 아무래도 컴퓨터에 문제가 생긴 것 같네요.
타나카	그래요? 그럼 서비스 센터에 전화를 해야겠네요.
	아이고, 바쁜데 큰일이군요.
김민수	서비스 센터 전화번호 여기 있어요.
타나카	고맙습니다.

Tanaka	Mr. Kim, are you busy now?
Kim Minsu	No. Not for now. Why?
Tanaka	There is something wrong with my computer.
	It doesn't work for saving.
Kim Minsu	Can I look at it? Umm, it seems that something is wrong with
	the computer.
Tanaka	Really? Then I should call at the service center.
	Oh my, I'm too busy, so, it's a big problem.
Kim Minsu	Here is the service centers phone number.
Tanaka	Thank you.

단어와 표현 Words and expression

대리	assistant manger	생기다	happen
이상하다	be something wrong	서비스 센터	service center
저장	save	• 어디 좀 볼까요?	Can I look at it?
아무래도	anyhow	• 큰일이군요.	It is a big problem.

컴퓨터를 켜요.
Turn on the computer.

컴퓨터를 꺼요.
Turn off the computer.

컴퓨터가 다운됐어요.
The computer is down.

컴퓨터를 재부팅하세요.
Reboot the system.

파일을 저장해요.
Save the file.

파일을 복사해요.
Make a copy of the file.

프린터로 출력해요.
Print it out.

바이러스 걸렸어요.
It caught a virus.

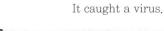

시디(CD)를 넣으세요.
Insert CD.

마우스를 클릭하세요.
Click on the mouse.

● 컴퓨터가 왜 부팅이 안 되죠?
Why doesn't the computer work for booting?

● 컴퓨터 속도가 빠르네요.
The computer speed is high.

● 컴퓨터가 느려서 업그레이드를 해야겠어요.
The computer should be upgraded due to low speed.

● 바이러스 때문에 포맷했어요.
It was formatted due to virus.

❀ 메모리스틱을 꽂으세요.
Put the memory stick in.

❀ 파일을 바탕화면에 깔았어요.
The file was downloaded on the main screen.

❀ 용량이 크니까 압축파일로 보내세요.
Please send it by zip file due to oversize

❀ 사진은 스캔해서 올리세요.
Scan the photo and upload it.

● 컴퓨터로 영화를 다운받았어요.
The movie was downloaded in the computer.

● 요즘 온라인 게임에 푹 빠졌어요.
He(She) is into computer games these days.

🐷 컴퓨터에 문제가 생긴 것 같네요.
It seems that something is wrong with the computer.

비가	온	
늦게	잔	것 같네요.
시험이	어려운	
이웃이	예쁜	

📁 일이 바쁜데 큰일이군요.
I'm too busy. so, it's a big problem.

돈이	없는		어떻하지요?
길이	복잡한	데	돌아갑시다.
비가	오는		다음에 갈까요?
시간도	늦었는		퇴근합시다.

Tip 지구촌

● 지구촌 Global village

All the different parts of the world form one community
linked together by electronic communications, especially the Internet.

이메일을 보내고 있어요.
I'm sending an e-mail.

김민수	타나카 씨, 식사하러 가요. 배 안 고파요?
타나카	네, 먼저 가세요. 저는 이메일 좀 보내고요.
김민수	그럼 잠깐 기다리죠 뭐.
타나카	그런데 사진 파일을 첨부하려고 하는데 잘 안 되네요.
김민수	제가 좀 도와 드릴까요? 자, 여기를 한번 클릭해 보세요.
타나카	그렇게 했는데도 안 돼요.
김민수	첨부파일 용량이 너무 크군요. 압축파일로 보내세요.
타나카	아, 그러면 되겠군요. 고맙습니다.

Kim Minsu	Mr. Tanaka, Let's go out for something to eat. Aren't you hungry?
Tanaka	Go ahead. After, I send e-mail.
Kim Minsu	I'll wait for a minute then.
Tanaka	I'm trying to attach the photo file, but I can not do it well.
Kim Minsu	Can I help you? Try to click on here.
Tanaka	I tried it, but it doesn't work.
Kim Minsu	The size of the attached file is too big. Send it by compressed file.
Tanaka	Oh, good idea. Thank you.

단어와 표현 Words and expression

이메일	e-mail	클릭	click	• 제가 좀 도와 드릴까요? Can I help you?
먼저	ahead	용량	capacity	• 그러면 되겠군요. That will do.
잠깐	a moment	압축파일	zip file	• 파일 용량이 너무 크군요.
파일	file			The file is oversize.
첨부하다	attach			

①편지읽기 Read mail
②편지쓰기 Compose mail
③수신확인 Received mail
④받은 편지함 in box
⑤보낸 편지함 Sent mail

⑥보내기 Send
⑦받는 이 e-mail receiver
⑧제목 Subject
⑨첨부파일 Attach file
⑩찾아보기 Search file

● 먼저 로그인을 하세요.
First of all, please sign-in.

● 아래에 댓글(리플)을 달아요.
Reply on it.

● 인터넷 검색창에 '한국어'를 쳐 보세요.
Type '한국어' in the search box.

❀ 메일을 확인하고 있어요.
I'm checking an e-mail.

● 자주 쓰는 사이트는 '즐겨찾기'를 해 놓으세요.
Add high frequently used sites to the 'Favorites'.

❀ 어제 한국어 학습 카페에 가입했어요.
I singed up a community for Learning Korean yesterday.

● 이 자료를 내려받기(다운로드) 하세요.
Download this material.

● 스팸 메일은 열지 마세요.
Do not open the spam e-mails.

❀ 첨부 파일이 안 열려요.
The attached file cannot be opened.

❀ 우리 회사 홈페이지가 해킹당했어요.
Someone hacked into my company's homepage.

저는 이메일 좀 보내고요. After I send e-mail.

급한데 전화		하	
먼저 밥	좀	먹	고요.
빨리 청소		하	
피곤한데 잠		자	

그럼 잠깐 기다리죠 뭐. I'll wait for a minute then.

좀더	하죠	
일단	만나죠	뭐.
한번	먹어 보죠	
우선	가 보죠	

Tip 한국어 학습 사이트

● 한국어 학습 사이트 Useful sites for studying Korean.

http://www.teenkorean.net

http://www.okkorean.com

http://www.mct.go.kr

http://www.curriculum.edu.au

http://www.kosnet.go.kr

국립국어원: http://www.korean.go.kr

한국어세계화재단: http://www.glokorean.org

한국어능력시험:http://topik.or.kr

종이가 떨어졌어요.
We ran out of paper.

타나카	왜 인쇄가 안 되지요?
김민수	종이가 다 떨어졌나 봐요.
타나카	네? 종이가 어디에 떨어졌어요?
김민수	아, 종이를 다 사용해서 없다고요.
타나카	하하, 저는 종이가 바닥에 떨어졌다고 생각했어요. 그런데 종이는 어디 있지요?
김민수	프린터 옆에 있는 캐비닛에 있어요. 제가 갖다 드릴게요.
타나카	아니에요. 괜찮아요. 제가 가져 올게요.
김민수	그럼, 좀 많이 가져 오세요. 복사기에도 종이가 조금밖에 안 남았거든요.

Tanaka	Why doesn't the printing work?
Kim Minsu	Actually, it seems to run out of paper.
Tanaka	What? Where does it fall into?
Kim Minsu	Oh, I mean we used all paper.
Tanaka	I thought paper is falling into the floor. By the way, where is the extra paper?
Kim Minsu	It is in the cabinet next to the printer. I'll bring it.
Tanaka	No, it's okay. I'll.
Kim Minsu	Then, bring some more. Actually there is not enough paper left over in the copying machine.

단어와 표현 Words and expression

인쇄	Printing
떨어지다	run out of
사용하다	use
바닥	floor
캐비닛	cabinet
옆	next
남다	be left over

- 떨어졌나 봐요. It seems out of. (Koreans say that something has fallen instead of out of.)
- 갖다 드릴게요. I'll bring it.
- 조금밖에 안 남았거든요. There is not much left.

복사기

이 서류를 복사해 주세요.
Please make a copy of these documents.

이 복합기는 복사, 팩스, 스캔, 인쇄까지 다 할 수 있어서 편리해요.
This combination is convenient due to the availability for copy.

복합기

프린터에 용지가 걸렸어요.
The printer has a paper jam.

이 사진을 스캔해 주세요.
Please scan this photo.

여권 사본을 팩스로 보내 주세요.
Please send the copy of the passport by fax.

칼   가위   자

칼이나 가위로 자르세요.
Cut it off with a knife or scissors.

자를 대고 선을 그으세요.
Draw a line with a ruler.

클립 paper clip

집게 tong

스테이플러 stapler

서류함 file box

파일 file

수정테이프 correction tape

메모지 memo pad

전자계산기 calculator

※ 제 명함입니다.
It's my business card.

※ 죄송합니다. 출근이 늦었습니다.
Sorry. I'm late for work.

※ 저는 다음 주에 5박 6일로 출장가요.
I'm going to go on a business trip for 5 nights 6 days next week.

● 자세한 내용은 일정표를 참고해 주세요.
Please refer the schedule for details.

● 주문서를 빨리 보내주세요.
Please send the order sheet quickly.

※ 결재가 아직 안 났어요.
It remains to be sanctioned.

● 연봉이 꽤 높군요.
Annual salary is quite high.

● 계약 기간이 끝났어요.
The term of the contract is over.

※ 과장님은 지금 외근 중이십니다.
The manager is working outside now.

● 용무가 있으신 분은 비서실을 경유해 주세요.
Please contact to the secretary's office if you have business.

종이가 다 떨어졌나 봐요. It seems to run out of paper.

밖에 바람이	부	
지금 노래를	부르	**나 봐요.**
그 사람을	사랑하	
앞에 사고가	났	

 종이가 조금밖에 안 남았거든요.
Actually, there is not enough paper left over.

따뜻하게 입으세요.	날씨가	춥
빨리 시킵시다.	배가	고프
서두르세요.	시간이	없	거든요.
우산을 가져가세요.	비가	오

Tip 녹차? 자동차?

● 김민수 : 차(tea) 있어요? Do you have a cha?

※ 타나카 : 무슨 차요? 녹차? 자동차?
Which cha? nokcha(green tea)? jadongcha(car)?

● 김민수 : 하 하 하…

차 있어요?

제2장 사무실

07 타나카 씨 좀 바꿔 주세요.
May I speak to Mr. Tanaka?

컴퓨터기사	여보세요? 거기 '한국무역' 이죠?
김민수	네, 그런데요.
컴퓨터기사	00서비스 센터인데, 타나카 씨 좀 바꿔 주세요.
김민수	네, 잠깐만 기다리세요. 타나카 씨, 전화 받으세요. 서비스센터랍니다.

• •

타나카	여보세요. 전화 바꿨습니다.
컴퓨터기사	타나카 씨, 여기 서비스 센터인데요. 세 시쯤 방문해도 될까요?
타나카	네, 그러세요.
컴퓨터기사	그럼 이따가 뵙겠습니다.

Computer engineer	Hello? Is it 'Korea Trade'?
Kim Minsu	Yes.
Computer engineer	This is 00 service center, may I speak to Mr. Tanaka?
Kim Minsu	Wait a moment please. Mr. Tanaka, get the phone please. It says Service Center.
Tanaka	Hello, Tanaka speaking.
Computer engineer	Mr. Tanaka, this is Service center. Can I visit you around 3 o' clock?
Tanaka	Sure.
Computer engineer	Then see you later.

단어와 표현 Words and expression

무역	trade	이따가	later
실례지만	excuse me	잠깐만	a moment
거기	that place		
쯤	around	• 전화 바꿨습니다. ___ speaking.	
방문	visit	• 그럼 이따가 뵙겠습니다. Then see you later.	

지역번호 area code

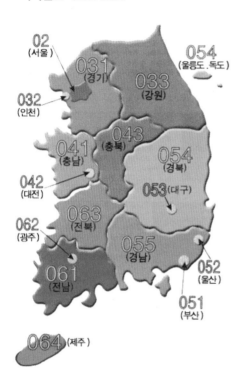

〈긴급 전화〉

- **112** 범죄신고
  police call

- **114** 전화번호 안내
  Telephone directory

- **119** 화재,구급,구조신고
  emergency call

- **131** 일기예보
  Weather forecast

- **134** 관광정보안내
  Tour information

- **1333** 교통 정보
  Traffic information

전화번호 안내 telephone information

- **1588-7788** 철도 이용 안내 Train Information http://www.korail.com
- **1588-6900** 고속버스안내 ExpressBus Information http://www.kobus.co.kr
- **1588-2001** 대한 항공 Korean Airline http://kr.koreanair.com
- **1588-8180** 아시아나 항공 Asiana Airline http://www.flyasiana.com

● 그냥 안부 전화 드렸습니다.
I' m just calling you to say hello.

❀ 밤늦게 전화 드려서 죄송합니다.
I' m sorry to call you so late.

● 출발하기 전에 전화 한번 드릴게요.
I' ll call you before I leave.

● 지금 전화 받기 괜찮으세요?
지금 통화하기 괜찮으세요?
Can you talk right now?

❀ 지금 바쁘니까 잠시 후에
제가 전화 드릴게요.
I' m busy right now,
I' ll call you back a little later.

❀ 지금 통화중이세요.
지금 다른 전화를 받고 계세요.
He(She) is on another line.

● 전화가 갑자기 끊어졌어요.
The call was suddenly cut off.

❀ 지금 자리에 안 계신데,
핸드폰으로 해 보세요.
He(She) is not in,
please call on his(her) cell phone.

❀ 누구시라고 전해드릴까요?
Who should I tell who you are?

❀ 잠깐 외출하셨는데요.
자리를 비우셨는데요.
부재중이십니다.
자리에 안 계시는데요.
He(She) is out of his desk.
He(She) is not in.

😊 서비스센터랍니다. It says Service Center.

저기가	국제여행사	
이 책이	베스트셀러	(이)랍니다.
저분이	사장님	
내일부터	휴가	

🎯 세 시쯤 방문해도 될까요?
Can I visit you around 3 o' clock?

전화 좀	써	
저기에	주차해	도 될까요?
나중에	가	
여기	앉아	

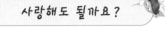

Tip 사랑해도 될까요?

🎵 사랑해도 될까요? Can I fall in love with you.

내 맘을 모두 가져간 그대. You took all my heart.

조심스럽게 얘기할래요. 용기 내 볼래요.
I'm gonna say to you carefully, I'll be brave.

나 오늘부터 그대를 사랑해도 될까요.
Can I fall in love with you

처음인걸요. 분명한 느낌 놓치고 싶지 않죠.
It's the first time. I do not wanna miss this feeling.

사랑이 오려나 봐요. I felt love is coming.

그대에겐 늘 좋은 것만 줄게요.
I'll always give you great things.

미안하지만 메모 좀 해 주시겠어요?
Sorry but could you take my message?

타나카 감사합니다. 한국무역 타나카입니다.

에바 죄송하지만 김민수 씨 좀 부탁합니다.

타나카 지금 자리에 안 계시는데요. 실례지만 어디라고 전해드릴까요?

에바 저 에바라고 하는데요. 미안하지만 메모 좀 해 주시겠어요?

타나카 네, 잠시만 기다리세요. 말씀하세요.

에바 저, 오늘 약속을 30분만 미루자고 전해 주세요.

타나카 네, 알겠습니다.

Tanaka Thanks for calling, Korea Trade. Tanaka speaking.

Eva Sorry, can I speak to Mr. Kim Minsu?

Tanaka He is not in at this moment, excuse me, who's calling?

Eva This is Eva. Sorry but could you take my message?

Tanaka Sure, wait a minute. OK. Go ahead.

Eva Well, Please tell that I'd like to postpone our appointment for 30 minutes.

Tanaka OK.

단어와 표현 Words and expression

부탁하다	please	• 김민수 씨 좀 부탁합니다. Mr. Kim Minsu please.
실례지만	excuse	• 어디라고 전해드릴까요? Who should I tell who called?
잠시만	a minute	• 메모 좀 해 주시겠어요? Can you take a message?
약속	appointment	
미루다	postpone	

바꿔줄 때 When to transfer call

김민수 여보세요. 거기 에바 씨 댁이죠?
Hello? Is it Eva's house?

샐 리 네, 그런데요. Yes it is.

김민수 저 김민수라고 하는데요.
에바 씨 좀 바꿔주세요. This is Kim Minsu. Can I speak to Eva?

샐 리 에바 씨, 전화 받으세요. Eva, pick up the phone!

에 바 네, 전화 바꿨습니다. Eva speaking.

에바 씨
계십니까?

잘못 걸었을 때
When someone has the wrong number

왕웨이 여보세요, 거기 한국무역이지요?
Hello? Is it Korea Trade?

아줌마 아닌데요. 전화 잘못 거셨어요.
No, you dialed wrong number.

왕웨이 거기 542-5320번 아닙니까?
Is it 542-5320?

아줌마 아닙니다. No, it is not.

왕웨이 아, 그래요? 죄송합니다.
Oh, I'm sorry.

부재중일 때
When I called he or she is not there

왕웨이 여보세요. 에바 씨 계십니까?
Hello? Eva there?

샐 리 지금 집에 없는데요.
실례지만 누구세요?
She is not in the house.
Sorry but who's calling?

왕웨이 저 왕웨이라고 하는데요.
에바 씨 언제쯤 들어오실까요?
This is Wang Wei.
When does she come back?

샐 리 저녁 6시쯤 들어올 거예요.
It will be around 6 o'clock.

왕웨이 그럼, 그때 다시 전화 드리겠습니다.
Then, I'll call again.

최송합니다.

● OO씨 번호를 저장했어요.
I saved Mr./Mrs. OO' s number.

● 그 메시지는 삭제하세요.
Erase that message.

● 광고 메시지가 너무 많이 와요.
There are too many spam messages.

● 문자 메시지로 보내는 게 더 싸요.
It is cheaper to send the text message.

● 벨소리가 너무 커요. 좀 줄여 주세요.
The Bell sound is too loud. Please turn it down a little.

● 회의할 때는 핸드폰을 진동으로 해 주세요.
Please switch your cell phone to vibration mode during the meetings.

● 영화 상영 중에는 휴대폰을 꺼 주십시오.
Please turn your cell during a movie.

☎ 지금은 전화를 받을 수 없습니다. 잠시 후에 연락해 주세요.
(Automatic answering on cell phone)
I cannot get the phone right now. Please call again a little later.

☎ 지금 거신 번호는 없는 번호입니다. 다시 확인하시고 걸어 주십시오.
(Automatic answering on cell phone)
The have called a wrong number. Please check the number and call again.

☎ 연결이 되지 않아 음성사서함으로 연결되며, '삐--' 소리 후 통화료가 부과됩니다.
(Automatic answering on cell phone)
This call is not connected so it will put you through voice mail.
It will be charging after the beep sound

오늘 약속을 미루자고 전해 주세요.
Please tell him(her) to postpone the appointment today.

내일	만나	전해 주세요.
주말에 산에	가	할까요?
오늘은 일찍	끝내	자고 해 봅시다.
커피 한 잔	하	합니다.

저, 오늘 약속을 미루자고 전해 주세요.
Well, Please tell him that I'd like to postpone the appointment today

저,	드릴 말씀이 있어요.
	부탁이 있는데요.
	말씀드려도 괜찮을까요?
	실례지만 나이가 어떻게 되시지요?

Tip 전화통에 불이 나다.

● 전화통에 불이 나다. There is a fire on the phone.

When the phone get call from many people all at once.

오늘 한잔 어때요?
How about a drink tonight?

김민수	미영 씨도 새로 오셨는데, 오늘 퇴근 후에 한잔 어때요? 미영 씨, 괜찮으시지요?
이미영	네. 고맙습니다.
타나카	미안해요. 저는 오늘 야근이에요.
김민수	아, 그래요? 그럼, 팜타이 씨는 시간 있으세요?
팜타이	네, 저는 바쁘지 않아요. 어디로 갈까요?
김민수	회사 근처에 호프집이 새로 생겼는데, 거기로 갑시다. 안주도 푸짐하고 가볍게 한잔 하기에는 딱 좋아요.
팜타이	그럼, 한번 가 볼까요? 미영 씨는 어때요?
이미영	네, 좋아요.

Kim Minsu	To welcome Miyoung, how about a drink after work tonight? Miyoung, is it okay with you?
Lee Miyoung	Yes, thank you.
Tanaka	Sorry, I have to work overtime tonight.
Kim Minsu	Oh, do you? Then, how about Mr. Pham?
Pham Thai	I'm not busy. Where shall we go?
Kim Minsu	A new pub opens near the company, let's go there. The side dishes are abundant, it's perfect to have a drink lightly.
Pham Thai	Shall we go? What do you think, Miyoung?
Lee Miyoung	It's great.

단어와 표현 Words and expression

한잔	a drink	호프집	beer house/pub	• 가볍게 한잔 하기에는
퇴근	leaving one's office	생기다	open	to have a drink lightly
야근	overtime work	안주	side dish	• 딱 좋아요
근처	near	푸짐하다	abundant	perfect

민속주점

Korean traditional style drinking house

- 막걸리 한잔 하는 게 어때요?

  How about drinking rice wine?

- 좋아요. 안주는 뭘로 할까요?

  Great. What shall we have for the side dish?

호프집 Beer house/pub

- 딱 한 잔씩만 더 하죠.

  Let's just have one more drink.

- 오늘은 그만 하죠.

  That's enough today.

포장마차 Street vender bar

- 간단하게 할 거면 포장마차로 가죠.

  Let's go to the street vender bar if we drink lightly.

- 포장마차요? 좋죠.

  street vender bar? Sounds good.

카페 Cafe

- 식사도 할 겸 카페로 갑시다.

  Let's go to the cafe for having a meal as well.

- 이왕이면 분위기 좋은 곳으로 갑시다.

  Let's go to a nice place.

● 주량이 얼마나 되세요?
How much do you usually drink?

※ 그 사람 술고래예요.
He is a heavy drinker.

● 술을 잘 하시네요.
You drink very well.

※ 저는 애주가입니다.
I'm a habitual drinker.

● 잔이 비었어요.
The glass is empty.

※ 한 잔 더 하세요.
Have one more drink.

● 적당히 마시면 건강에도 좋아요.
Just enough alcohol is good for health.

※ 너무 독해서 못 마시겠어요.
It's too strong that I can not drink.

● 벌써 취한 것 같아요.
I feel drunk already.

※ 과음하지 마세요.
Don't over drink.

연습해 봅시다. Let's practice

저는 바쁘지 않아요. I am not busy.

한국어는	어렵	
이 웃은	비싸	지 않아요.
그 일은	힘들	
일요일에는	출근하	

한번 가 볼까요? Shall we go?

지하철로	갈	
같이	만들	까요?
이번 주말에	여행갈	
우리	결혼할	

Tip 한잔 해야지

- 수혁 : (삼촌을 쳐다보는데 마음이 무겁다.)

  (Suhyuck: It's depressing to look at Uncle.)

- 기주 : 가자, 한잔 해야지.

  어디 가서 마실까?

  Kijoo: Let's go, have a drink.

  Where should we go?

  (드라마 '파리의 연인' 중에서)

한잔 해야지
Have a drink.

한잔 하다 is not one glass of alcohol but just have a drink.

10 자, 건배합시다.
Let's have a toast!

김민수	여기 생맥주 500cc 세 개하고, 마른안주 하나 주세요.
팜타이	미영 씨, 같이 일하게 돼서 반갑습니다.
이미영	환영해 주셔서 고맙습니다.
팜타이	그런 뜻에서 우리 건배합시다.
김민수	그럽시다. 자, 우리 사무실의 발전을 위하여!
모두들	위하여!
팜타이	안주가 정말 푸짐하군요!
김민수	오늘 기분도 좋은데, 우리 2차로 노래방에 갑시다.
이미영	좋아요. 가요.

Kim Minsu	Three glasses of 500cc draft beer, and a dry sidedish please.
Pham Thai	Miyoung, I'm glad to be working together.
Lee Miyoung	Thanks for your warm welcome.
Pham Thai	Let's toast to that.
Kim Minsu	Yeah. Come on, Let's toast to our office's growth!
Together	Cheers!
Pham Thai	What an abundant snack!
Kim Minsu	I feel great, Let's go to the singing room for the second course?
Lee Miyoung	I'd love to.

단어와 표현 Words and expression

자~	Come on	발전	growth	• ~을 위하여 for
건배하다	toast	기분	feeling	• 안주가 푸짐하군요.
생맥주	draft beer	2차	the second	What an abundant snack!
마른안주	dry sidedish		course of drink	(side dish taken with wine
환영하다	welcome	노래방	singing room	or alcohol)
사무실	office			

회장 Chairman

전무
Excutive
Managing
Director

사장 President

부장
Senior
Manager

상무
Managing
Director

사원
Staff

과장
Manager

대리
Assistant
Manager

● 승진을 축하드립니다.
  Congratulations on your promotion.

❀ 오늘은 누가 사는 거예요?
  Who's going to buy today?

● 사장님이 한턱낸대요.
  The president will treat.

❀ 보너스(상여금)를 받았어요.
  I received a generous bonus.

● 월급이 너무 짜요.
  My salary is too low.

❀ 작년 연말에는 성과급을
  많이 받았어요.
  I received a big performance-
  based bonus in the end of last year.

● 요즘 과장님 때문에 스트레스를
  많이 받아요.
  I've been under much stress due to
  my manager.

● 회사를 옮겨 볼까 해요.
  I'm thinking about transferring to
  another company.

❀ 이번 휴가에는 뭐 하실 거예요?
  What are you going to do on this vacation?

❀ 주 5일제 근무라서 여행을 많이 가요.
  Because I work 5 days a week,
  I go to travel a lot.

같이 일하게 돼서 반갑습니다. I'm glad to be working together.

같이	공부하		기뻐요.
다시	만나		반가워요.
같은 방을	쓰	게 돼서	정말 좋아요.
좋은 영화를	보		즐거워요.

기분도 좋은데, 우리 노래방에 갑시다.
I feel great, let's go to the singing room.

다리도 아픈데 택시를	탑	
날씨도 추운데 일찍	퇴근합	
값이 싸니까 좀 더	삽	시다.
비가 오니까 가지	맙	

● 한턱내다. Treat to

한턱내다 : To pay for something (usually food or drink)
for a special occasion.

한 곡 부르시죠.
Sing a song.

종업원	어서 오세요. 몇 분이세요?
팜타이	세 명이에요. 작고 깨끗한 방으로 주세요.
종업원	몇 시간 드릴까요?
김민수	우리 1시간만 하죠?
이미영	그래요.
종업원	알겠습니다. 왼쪽으로 돌아가시면 3호실이 있습니다. 즐거운 시간 되십시오.

• •

김민수	팜타이 씨가 우리 사무실 가수니까 먼저 한 곡 부르시죠.
팜타이	하하, 미영 씨도 계신데 왜 그러세요.
이미영	빨리 듣고 싶은데요.
팜타이	그럼 제 애창곡 '편지'를 불러 보겠습니다. 다음은 미영 씨예요. 한 곡 골라 놓으세요.

employee	Welcome. How many in your group?
Pham Thai	Three. A small and clean room please.
employee	How long do you want? (referring to the time limit of karaoke machine)
Kim Minsu	How about just one hour?
Lee Miyoung	Yeah.
employee	Alright. When you turn left. There is room No.3. Enjoy your time.
Kim Minsu	Go ahead for the first song, because Mr. Pham is the singer of our office.
Pham Thai	Haha, don't do that in front of Miyoung.
Lee Miyoung	I'd like to hear quickly.
Pham Thai	Then I'll sing my favorite song 'letters'. Miyoung, your turn is the next. Select one song please.

단어와 표현 Words and expression

한 곡	a song	가수 singer	• 한 곡 부르시죠.
돌아가다	turn	애창곡 favorite song	Please sing a song.
호실	room no.		Why don't you sing a song?
즐겁다	enjoy		• 골라 놓으세요. select something.

민요 folk song

판소리 Pansori

동요 children's song

발라드 ballad

칸초네 canzone

알앤비 rhythm and blues

재즈 jazz

락 rock

트로트 trot

성악 Vocal music

팝송 Western style popular song

샹송 chanson

● 부르기 좋은 노래 좀 추천해 주세요.
Recommend some good songs to sing.

※ 무슨 노래를 고르셨어요?
Which song did you select?

● 저는 3253번 예약했어요.
I reserved no. 3253.

※ 번호를 잘못 눌렀어요. 취소해 주세요.
The wrong number was pressed, please cancel it.

● 노래 실력이 대단하시네요.
You have an amazing singing skill.

※ 평소 실력이에요.
It's my usual ability.

● 목소리가 좀 허스키하군요.
One's voice is a little husky.

※ 목이 쉬어서 높은 음은 안 올라가요. 정지해 주세요.
I can't sing the high tune because I got hoarse.
Please stop it.

● 열심히 불렀는데 점수가 안 나오네요.
Even though I sang my best, the score is not good.

※ 저는 음치라서 노래를 못 해요.
I can't sing because I am a terrible singer.

🧑 작고 깨끗한 방으로 주세요. A small and clean room please.

이 옷은	따뜻하		가벼워요.
이 집은	크		넓어요.
제 동생은	착하	고	예뻐요.
KTX는	빠르		안전해요.

🧑 팜타이 씨가 우리 사무실 가수니까 먼저 한 곡 부르시죠.
Go ahead for the first song, because Pham Thai is the singer of our office.

고향 친구		자주 만나요.
겨울		추운 건 당연하지.
백화점	(이)니까	비쌀 거예요.
토요일		길이 막힐 거야.

Tip 한 곡 뽑으시죠.

● 한 곡 뽑으시죠. Pick up a song.

선곡하세요
100

"한 곡 뽑으시죠" means "sing a song"

대리운전 불러 드릴까요?
Would you like me to call designated-driver service?

팜타이	오랜만에 많이 마셨더니 좀 취하네요. 미영 씨, 대리운전 불러 드릴까요?
이미영	네, 부탁드릴게요.
팜타이	여보세요? ○○대리운전입니까? 여기 신사동인데요.
	여자 기사 분으로 부탁합니다.
기사	네, 알겠습니다. 십 분 내로 도착하겠습니다.

• •

기사	좀 전에 전화하신 분이시죠? 차는 어디에 있습니까?
이미영	주차장에 있어요. 그런데 보험은 드셨죠?
기사	물론입니다.

Pham Thai	Due to not drinking in a long time, I feel drunk.
	Miyoung, May I call to a designated-driver?
Lee Miyoung	Yes, please.
Pham Thai	Hello? Is it 00 designated-driver service? I'm in Shinsadong.
	A female driver, please.
Driver	Yes, I'll be in 10 minutes.
Driver	You are the person who called me, right? Where is the car?
Lee Miyoung	It's in the parking lot. Are you insured?
Driver	Of course.

단어와 표현 Words and expression

대리운전	designated-driver service	도착하다	arrive
취하다	get drunk	주차장	parking lot
부탁드리다	please/ask	• 불러 드릴까요?	may I call to come?
기사	driver	• 십 분 내로	in 10 minutes
보험	insurance	• 보험은 드셨죠?	Are you insured?

무면허로 운전하셨군요.
Unlicensed driving.

음주운전을 하시는군요.
Drunk driving.

안전띠 미착용으로 걸렸어요.
Un-seatbelt.

속도위반입니다.
Exceed the speed limit.

음주단속에 걸렸어요.
To be caught at the sobriety check.

부릉부릉

제 차가 견인됐어요.
My car has been towed away.

주차위반이에요.
Illegal parking.

중앙선을 침범하셨습니다.
Violation of the center line.

신호를 위반했어요.
Light violation.

● 오늘 즐거웠습니다.
I had a great time today.

● 택시 잡아 드릴까요?
Would you like me to catch a taxi for you?

❀ 같은 방향이니까 같이 갑시다.
We go the same way so let's go together.

❀ 늦었는데 모셔다 드릴게요.
It's late so I'll take you home.

● 어제 집에 잘 들어가셨어요?
Did you safely arrive at home yesterday?

● 그 사람 술버릇이 어때요?
How's he when drunk?

❀ 제가 어제 실수한 거 없었나요?
Did I make any mistakes yesterday?

❀ 어제 저녁에 많이 마셨더니 속이 쓰려요.
I have a sore stomach due to over drinking last night.

❀ 폭탄주를 마셨더니 머리가 아프네요.
I have a headache due to boilermaker.

● 해장국 먹으러 갑시다.
Let's go to have Haejangguk.
*Haejangnuk is a kind of soup
which is very effective to relieving a hangover.

많이 마셨더니 취하네요. I feel drunk due to many drinks.

약을	먹었		좋아졌어요.
많이	샀	더니	남았네요.
소금을	넣었		너무 짜요.
운동을	했		기분이 좋군요.

가 : 대리운전 불러드릴까요? May I call to rentable sober driver?
나 : 네, 부탁드릴게요. Yes, please do.

제가	복사해	
뭘	도와	드릴까요?
커피를	타	
종업원을	불러	

Tip   **딱지 떼이다.**

● 딱지 떼이다. Be ticketed : Get a ticket.

부릉부릉

딱지 떼이다 : To receive penalty notice from police officers because of violation of traffic regulations.

13 우리 뭐 먹을까요?
What should we have?

주 인	어서 오세요. 몇 분이십니까?
타나카	두 사람입니다.
주 인	이쪽으로 앉으세요. 뭐 드시겠어요?
타나카	팜타이 씨, 우리 뭐 먹을까요?
팜타이	점심이니까 간단한 걸로 하죠. 김치찌개 어때요?
타나카	네, 좋아요. 그런데 매우면 좀 곤란해요.
팜타이	아줌마, 여기 김치찌개 2인분 빨리 주세요. 아 참, 맵지 않게 해 주세요.
주 인	네, 알겠습니다. 기다리세요.

Master	Welcome to you. How many are there?
Tanaka	Two.
Master	Please have a seat here. What would you like to have?
Tanaka	Pham Thai, what should we have?
Pham Thai	It's lunch so let's have something simple.
	How about Kimchiggigae.
Tanaka	Okay, sure. It would be troublesome if it's spicy.
Pham Thai	Mam, please give us Kimchiggigae for two. Not spicy please.
Master	I see. I will wait.

단어와 표현 Words and expression

뭐	what	• 간단한 걸로 하죠.	
김치찌개	Kimchiggigae	Let's have something simple.	
간단하다	simple	• 맵지 않게 해 주세요.	
맵다	spicy	Not spicy please.	
곤란하다	troublesome		
기다리다	wait		

저는 한식을 좋아해요.
I like Korean food.

오늘은 일식집에 가 볼까요?
Shall we go to Japanese Restaurant today?

양식 어때요?
How about Western food?

중국음식으로 합시다.
Let's have Chinese food

음식의 단위 Unit of food

비빔밥 1그릇
One dish of Bibimbap

김밥 1줄
One roll of Gimbap

김치찌개 2인분
Kimchiggigae for two/
Twp portions of Kimchiggigae

삼겹살3인분
Samgyeopsal
3portions

감자탕 대/중/소
Gamjatang
large/medium/small size

※ Gamjatang is a very hot soup meal, made by boiling pork bones, potatoes, and various vegetables in water.

● 이 근처에 식당이 있습니까?
  Is there a restaurant near here?

✻ 이쪽으로 앉으세요.
  여기에 앉으세요.
  Please have a seat here.

● 뭐(뭘) 드시겠습니까?
  뭐 주문하시겠습니까?
  What would you like to have?
  May I take your order?

✻ 이 집은 뭐가 맛있어요?
  뭐가 유명해요?
  What's good here?
  What is the main menu here?

● 김치찌개 어때요?
  김치찌개 먹을까요?
  How about Kimchiggigae?

✻ 짜지 않게 해 주세요.
  Not salty please.

● 저는 고기를 안 먹어요.
  채식주의자예요.
  고기 빼고 주세요.
  I don't eat meat dish.
  I'm vegetarian.
  Please without meat.

✻ 반찬 좀 더 주세요.
  May I have more side dishes?

● 밥 한 공기 더 주세요.
  Please give me one more bowl of rice.

✻ 맛있게 잘 먹었어요.
  I enjoyed it(meal).

🙂 가 : 오늘 뭐 먹을까요? What should we have today?
　 나 : 김치찌개 어때요? How about Kimchiggigae?

오늘 점심에	중국음식	
휴게실에서	커피 한 잔	어때요?
주말에	등산	
이번 휴가에	제주도	

🙂 매우면 곤란해요.
　 It would be toublesome if it's spicy.

너무	비싸	
약속 시간에	늦	(으)면 곤란해요.
너무 많이	마시	
도서관에서	전화하	

Tip　　물은 셀프

● 물은 셀프　Self-service for water.

물은 셀프 :

The serving water of oneself in a restaurant without the aid of a waiter.

14 저도 유자차로 할래요.
I will also drink Yuja tea too.

종업원	어서 오세요. 모두 네 분이세요?
팜타이	아뇨, 한 사람 더 올 거예요. 메뉴판 좀 주세요.
왕웨이	저는 커피 마실게요.
타나카	저는 인삼차요.
이미영	전 감기 기운이 있으니까 유자차를 마실래요.
팜타이	유자차가 뭐예요?
이미영	유자라는 과일로 만든 건데, 약간 신맛이 나요. 비타민 C가 많아서 감기에 걸렸을 때 좋다고 해요.
팜타이	그래요? 그럼 저도 유자차로 할래요.
왕웨이	여기 유자차 두 잔, 커피 한 잔, 인삼차 한 잔 주세요.

employee	Welcome. Are there four in your group?
Pham Thai	No, one more will come. Give the menu please.
Wang Wei	I will have coffee.
Tanaka	I will have Ginseng tea.
Miyoung	I have cold symptoms, so I'd like to have Yuja tea.
Pham Thai	What is Yuja tea?
Miyoung	It is made by a fruit, tastes a little sour. It has a lot of vitamin c so it's good for a cold.
Pham Thai	Oh really? Then I will also have Yuja tea.
Wang Wei	Two cups of Yuja tea, one cup of coffee, and a cup of ginseng tea please.

단어와 표현 Words and expression

메뉴판	Menu	신맛	sour
인삼차	ginseng tea	나다	taste
감기 기운	cold symptom	걸리다	catch
유자차	Yuja tea		

- 감기 기운이 있으니까
  due having cold symptoms
- 신맛이 나요.
  It tastes sour.

● 아이~ 셔! 레몬은 너무 셔요.
Lemons are too sour.

❀ 달아요. 사탕은 단맛이에요.
It's sweet. A candy is a sweet taste.

시다 be sour

달다 be sweet

● 이 약은 너무 써요.
This medicine tastes bitter.

❀ 찌개가 좀 짜네요.
Stew is a little salty.

쓰다 be bitter

짜다 to be salty

● 아이쿠, 고추가 진짜 매워요.
Gosh, pepper is really spicy.

❀ 국이 너무 싱거워요.
Soup tastes flat.

맵다 to be hot/spicy

싱겁다 taste flat

새콤달콤한 귤 sweet-sour tangerine

고소한 땅콩 nutty taste peanut

매콤한 떡볶이 Pungent seasoned Tubboki

담백한 백김치 Plain white Kimchi

● 창가 자리로 주세요.
We'd like to sit by window.

● 조용한 자리로 주세요.
We would like to sit around quite places.

● 음악 좀 줄여 주세요.
Please turn down the volume.

❀ 목이 아플 때 좋아요.
목에 좋아요.
It is good for a sore throat.

❀ 좀 이따가 주문할게요.
I will order a little later.

❀ 일행이 더 올 거예요.
There will be more coming.

● 커피 리필돼요?
Can I have a re-fill on my coffee?

❀ 저는 전통차를 즐겨 마셔요.
I enjoy drinking traditional tea.

● 여기 계산해 주세요.
Check(Bill) please.

❀ 오늘은 제가 낼게요.
Please allow me to pay.

감기에 걸렸을 때 좋다고 해요. It's good for a cold.

잠이 안	올		어떻게 하세요?
눈이	내릴	때	운전 조심하세요.
감기에	걸렸을		귤이 좋아요.
스트레스가	쌓였을		어떻게 푸세요?

저도 유자차로 할래요. I will also have Yuja tea.

저는	커피를	마실	
오늘은	집에서	쉴	래요.
이번 휴가에는	여행을	갈	
조용한	음악을	들을	

Tip 시원하다.

● 시원하다. cool / feel refreshed

음~
시원하다.

Umm, it's cool.

시원하다 :

Not only when the temperature of the weather or food is low,
but also when to have hot broth, we can say "It's cool"

15 치킨 한 마리 갖다 주세요.
Can I have a chicken delivered?

왕웨이　배가 좀 고픈데 치킨 시켜 먹을까요?
팜타이　좋죠. 왕웨이 씨가 시키세요.
주 인　감사합니다. '꼬끼요치킨' 입니다.
왕웨이　여보세요. 지금 배달됩니까?
주 인　네, 됩니다.
왕웨이　치킨 한 마리 갖다 주세요.
주 인　양념치킨, 프라이드치킨이 있는데 뭘로 하시겠어요?
왕웨이　반반씩 주세요. 얼마예요?
주 인　13,000원입니다. 어디세요?
왕웨이　무궁화아파트 205동 1006호예요. 얼마나 걸려요?
주 인　30분쯤 걸릴 거예요.

Wangwei	I feel a little hungry, shall we get a chicken delivered?
Pham Thai	It sounds good. Wangwei, order please.
master	Thanks for calling. 'Cokiyo chicken'.
Wangwei	Hello, is the delivery service available now?
master	Sure.
Wangwei	Please bring me one chicken.
master	We have seasoned chicken and fried chicken, what will you have?
Wangwei	Half and half please. How much is it?
master	13,000won. Where are you?
Wangwei	1006ho, 205dong, Mugunghwa apartment. How long does it take?
master	It will take about 30 minutes.

단어와 표현 Words and expression

고프다	to feel hungry	양념치킨	seasoned chicken	• 반반씩 주세요.
시키다	order	프라이드치킨	fried chicken	Half and half please.
배달	delivery	반	half	• 얼마나 걸려요?
				How long does it take?

피자 한 판하고 콜라 한 병 배달해 주세요.
Please bring me one box of pizza and
one bottle of coke.

피자 한 조각 주세요.
Please give me one slice of pizza..

프라이드치킨 반 양념치킨 반 갖다 주세요.
Please bring me half fried chicken and half seasoned chicken.

된장찌개 1인분
Den paste pot
stew for one person

자장면 한 그릇
One bowl of
Jajangmyeon(Black noodles)

족발 대/중/소
Pork hock
large/medium/small size

● 시켜 먹을까요?

배달시킬까요?

Should we get delivery?

● 자장면 한 그릇도 배달돼요?

Can you deliver one bowl of Jajangmyeon?

※ 짬뽕 곱빼기 하나 갖다 주세요.

Please deliver a large size of Jjambbong.

● 오늘 점심 특선 메뉴 뭐예요?

What is the lunch special today?

● 세트 메뉴가 있나요?

Do you provide a set meal?

※ 점심시간이라서 시간이 좀 걸릴 거예요.

It will take some time because of lunch time.

※ 할인 쿠폰이 있어요.

I have a discount coupon.

※ 만두 1(일)인분 포장해 주세요.

Can I have one portion of dumplings to carry out?

※ 현금영수증 끊어 주세요.

Let me have a cash receipt please.

※ 칼국수가 불었어요.

The Kalguksoo has swollen.

*Kalguksoo is handmade knife-cut noodles.

🧑 치킨 한 마리 갖다 주세요. Please bring me one chicken.

저 좀	도와	
30분 후에 다시	전화해	
다시 한번	말씀해	주세요.
여권 좀	보여	

🧔 가 : 얼마나 걸려요? How long does it take?
나 : 30분쯤 걸려요. It takes about 30 minutes.

학교까지 걸어서	30분쯤	
서울에서 부산까지 KTX로	3시간	
비행기로 보내면	4일 정도	걸려요.
이 일을 끝내는데	3개월	

Tip '철가방'

● '철가방' delivery case

철가방 is a delivery case made by iron.

It is common to deliver Chinese food with it.

16 바지를 하나 살까 하는데요.
I would like to buy pants.

점원	어서 오세요. 혹시 뭐 찾는 거라도 있으세요?
에바	바지를 하나 살까 하는데 구경 좀 해도 돼요?
점원	이쪽으로 와 보세요. 이 바지가 요즘 유행하는 스타일이에요.
에바	디자인은 마음에 드는데 색깔이 좀…….
점원	그럼 이건 어떠세요? 편하면서도 날씬해 보이거든요.
에바	입어 봐도 돼요?

• •

점원	잘 어울리시네요. 계산은 어떻게 하시겠어요?
에바	5만원은 상품권으로 하고, 나머지는 카드로 할게요.

Salesperson	Welcome. What are you looking for?
Eva	I would like to buy pants, can I look around?
Salesperson	Come this way. these pants are in trend nowadays.
Eva	I like this design, but the color is…… well.
Salesperson	How about these? They are comfortable and also they make you look slim.
Eva	May I try on?
Salesperson	They suit you very well. How will you pay for it?
Eva	Let me pay for 50,000won with the gift certificate, and the rest by credit card.

단어와 표현 Words and expression

구경하다	look around	상품권	gift certificate
유행하다	be in fashion	나머지	the others
편하다	comfortable		
날씬하다	slim	• 바지를 살까 하는데요.	I would like to buy pants.
어울리다	suit	• 마음에 들다.	I like it.
계산	pay		

● 치마가 조금 커요.
The skirt is a little big.

● 청바지가 좀 짧아요.
The jeans are a little short.

● 반바지가 너무 끼어요.
The shorts are too tight.

● 남방이 멋있어요.
The button-down shirt looks nice.

● 정장은 단정해 보여요.
The suit looks tidy.
● 양복이 잘 어울리네요.
The suit goes well with you.
● 조끼가 몸에 딱 맞네요.
The vest is just right.

블라우스
blouse

티셔츠
t-shirt

원피스
dress

투피스
business suit
for women

코트
coat

점퍼
jumper

재킷
jacket

양말
socks

● 치마 좀 보여 주세요.
Show me some skirts please.

✿ 조금 더 싼 거 없어요?
Do you have anything cheaper?

✿ 다른 색깔은 없어요?
Do you have it in another color?

● 뚱뚱해 보이면 곤란해요.
It's a problem if it looks fat.

✿ 좀 더 밝은 색으로 주세요.
Please give me a brighter one.

● 이건 유행이 지났어요.
This is not the trend.

● 마음에 들지만 값이 너무 비싸요.
I like it, but it's too expensive.

✿ 이렇게 입으면 세련돼 보여요.
It looks fashionable wearing it this way.

● 바지 길이를 좀 줄여주세요.
Please shorten the length of these pants.

✿ 이 정장 한 벌에 얼마예요?
How much is one pair of this suit?

편하면서(도) 날씬해 보여요.
They are comfortable and also they make you look slim.

이 옷은	예쁘		싸요.
그 책은	쉬우	면서(도)	재미있어요.
김치는	매우		맛있어요.
기차는	빠르		안전해요.

5만원은 상품권으로 하고, 나머지는 카드로 할게요.
Let me pay for 50,000won with the gift certificate, and the rest by credit card.

이것		연필		쓰세요.
여기	은/는	빨간색	(으)로	표시하세요.
이 일		컴퓨터		하세요.
오늘		자장면		합시다.

Tip 옷이 날개다.

● 옷이 날개다. Fine feathers make fine birds.

옷이 날개다 : Fine clothes makes a person look pretty.

17 이 샌들이 어떨까요?
How about these sandals?

팜타이	여름 신발이 하나 필요한데…… .
왕웨이	그래요? 여기서 찾아보지요. 이 샌들이 어떨까요?
팜타이	시원해 보이기는 하지만 좀 클 것 같아요.
왕웨이	작은 사이즈가 있을 거예요. 사이즈가 어떻게 돼요?
팜타이	255예요.
왕웨이	발이 작은 편이군요. 아, 여기 255가 있어요.
팜타이	한번 신어 볼까요? 어때요?
왕웨이	잘 어울려요. 그런데 불편하지 않아요?
팜타이	아니요. 아주 편해요.

Pham Thai	I need summer shoes…… .
Wang Wei	Do you? Let's look for some here. How are these sandals?
Pham Thai	They seem cool, but big for me.
Wang Wei	There will be smaller size. What size do you wear?
Pham Thai	255.
Wang Wei	Your feet are rather small. Here are 255-size.
Pham Thai	May I try these on? How do I look?
Wang Wei	You look good. Is it uncomfortable?
Pham Thai	No. It is very comfortable.

단어와 표현 Words and expression

필요하다	need	찾아보다	look for
샌들	sandals		
사이즈	size	• 클 것 같아요.	They look big.
어울리다	go well	• 시원해 보여요.	They look cool.
불편하다	uncomfortable	• 한번 신어 볼까요?	May I try theses on?
편하다	comfortable		

샌들

샌들이 시원해 보여요.
Sandals look cool.

운동화

운동화가 더 편해요.
Sneakers are more comfortable.

구두

구두는 오후에 사야 해요.
Shoes should be bought in the afternoon.

등산화

산에 갈 때는 등산화를 신으세요.
Please wear mountain-climbing boots when to climb.

부츠

이 부츠는 작년에 샀어요.
These boots were bought last year.

슬리퍼

슬리퍼를 신고 밖에 나가지 마세요.
Don't go out with slippers.

고무신

고무신은 한국 고유의 신발이에요.
Rubber shoes are Korean traditional shoes.

단위 Unit

집에서 학교까지 8km(킬로미터)예요.
It is 8 kilometers from home to school.

키가 1m(미터) 70cm(센티미터)예요.
1meter 70centimeters in height.

허리가 32inch(인치)예요.
The waist is 32inches.

하루에 물을 2ℓ(리터)씩 마시면 건강에 좋아요.
It is good for health to drink 2 liters of water a day.

쇠고기 600g(그램)만 주세요.
Please give me 600grams of beef.

● 신발이 꽉 끼어요.
These shoes are too tight.

❀ 저는 좀 헐렁하게 신는 편이에요.
I would like to wear shoes rather loose.

● 신발이 넉넉해서 발이 편해요.
These shoes are loose so feet are comfortable.

❀ 이 신발은 키가 커 보여요.
These shoes makes height seem taller.

● 이 운동화 한 사이즈 큰 걸로 보여 주세요.
Please show me sneakers one size larger.

❀ 저 노란 샌들 240(이백 사십) 있어요?
Do you have a size 240 of those yellow sandals?

❀ 굽이 너무 높은 것 같아요.
The heel seems too high.

● 그건 수제화라서 좀 비싸요.
It is a little expensive due to being hand-made shoes.

● 이거 신으니까 볼이 좁아 보여요.
These shoes make the width of my feet look narrow.

❀ 키높이 구두 좀 보여주세요.
Please show me some shoes with hidden height increasers.

시원해 보이기는 하지만 좀 클 것 같아요.
They seem cool, but big for me.

예쁘 맛있 멀 가	기는 하지만	좀 비싸네요. 좀 매운 것 같군요. 꼭 한번 가 보고 싶어요. 빨리 돌아와야 해요.

작은 편이에요. Your feet are rather small.

여행을 잘 오늘은 방이	좋아하는 먹는 추운 깨끗한	편이에요.

Tip 발이 넓다("마당발")

● 발이 넓다("마당발") A wide-size foot

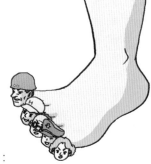

발이 넓다 :

A wide-size foot: a person who has a wide acquaintance.

18 깎아 주세요.
Please give me a discount.

타나카	사과가 맛있어 보이네요. 아주머니, 얼마예요?
아주머니	한 바구니에 5천원이에요.
타나카	와, 비싸네요. 좀 깎아 주세요.
아주머니	이쪽에 3천원 짜리도 있어요.
타나카	이건 너무 적어요.
아주머니	그냥 5천원 짜리로 하세요. 이게 더 달아요.
타나카	글쎄요. 그래도 좀 비싼 것 같은데요.
아주머니	아이구, 덤으로 몇 개 더 드릴게요.
타나카	그럼 싸 주세요.
아주머니	싸게 드렸으니까 다음에 또 오세요.

Tanaka	The apples look delicious, mam, how much are they?
mam	It is 5 thousands won per basket.
Tanaka	Wow, expensive. Please give me a discount.
mam	This is 3 thousand won basket.
Tanaka	There are too few of them.
mam	There are too few of them.
Tanaka	Well. Anyway it seems expensive.
mam	I will throw in a few more for free.
Tanaka	Then wrap them up.
mam	I gave you apples cheap so please come again.

단어와 표현 Words and expression

바구니	basket		글쎄요	well
짜리	amount		싸다	cheap
적다	few			
그냥	just			
달다	sweet		• 깎아 주세요. Please give me a discount?
덤	an extra for free		• 5천원 짜리로 하세요. Buy 5,000won-one.

딸기

딸기를 먹으면서 봄을 느껴요.

I feel spring eating strawberries.

포도

참외, 복숭아, 포도는 여름 과일이에요.

Melons, peaches, grapes are summer fruits.

사과

가을이 되면 사과가 빨갛게 익어요. 감도 익어요.

When it becomes fall, apples get riped red.
Also persimmons get ripe.

오렌지

겨울에 먹는 귤은 오렌지와 비슷해요.

A gyul eating in winter is similar with an orange.

한국에서 바나나와 파인애플은 수입하기 때문에 사철 먹을 수 있어요.

Bananas and pineapples are available anytime in 4 seasons in Korea because they are imported fruits.

과일 Fruits

배
pear

수박
water melon

키위
kiwi

자두
plum

토마토
tomato

매실
apricot

버찌
cherry

방울토마토
cherrytomato

한라봉
Jeju orange

밤
chestnut

● 포도 어떻게 해요?
How much are grapes?

※ 딸기에 우유를 넣어서 갈아드세요.
Blend strawberries with milk and drink it.

※ 싱싱하지 않는 것은 잼으로 만드세요.
Make a jam with non fresh things.

● 토마토가 잘 익었네요.
The tomatoes become very ripe.

※ 덜 익었으면 바꿔 드릴게요.
I will exchange it if it is unripe.

● 수박 반 통도 팔아요?
Do you sell a half of a watermelon?

● 사과 한 박스 배달해 주세요.
Please deliver one box of apples.

※ 제철 과일이 싸고 맛있어요.
Fruits of the season are cheap and delicious.

● 유기농 딸기 있어요?
Do you have organic strawberries?

※ 참외 향이 참 좋군요.
The scent of melons smell good.

😊 사과가 맛있어 보이네요. The apples look delicious.

방이 정말	깨끗해
기분이 아주	좋아
오늘은 좀	피곤해
옷이 조금	작아

보이네요.

😊 한 바구니에 5천 원이에요. It is 5 thousands won per basket.

사과	한	상자에 만 원이에요.
자동차	한	대가 얼마예요?
장미꽃	두	다발을 샀어요.
정장	한	벌이 필요해요.

Tip   떨이

● 떨이 Remnant sale

떨이니까 싸게 가져 가세요

Take these with cheap price because they are remnants.

떨이 means a remaining, usually small part, quantity, number after sales, we can buy them with cheap price.

환불이 됩니까?
Is it refundable?

에바　저, 이 옷 바꿀 수 있어요?
점원　무슨 문제라도 있나요?
에바　네, 집에 가서 보니까 옆에 얼룩이 있어요. 여기 보세요.
점원　어머, 정말 죄송합니다. 그런데 같은 색으로는 이 사이즈가 없는데 어떡하지요?
에바　그래요? 저는 검은색이 좋은데요.
점원　3일쯤 후에나 새 옷이 도착할 텐데 기다리실 수 있으세요?
에바　아니요, 저는 내일 출장을 가야 되는데요. 혹시 환불이 됩니까?
점원　그럼요. 카드로 결제하셨나요?
에바　아니에요. 현금으로 계산했어요. 영수증 여기 있어요.
점원　알겠습니다. 잠깐만 기다리세요.

Eva	Am I able to exchange this cloth?
Salesperson	Is there a problem with it?
Eva	I found a stain after I came back home. Look here.
Salesperson	Oh, I'm really sorry. But we don't have this size in the same color. How should I do?
Eva	Really? I like black.
Salesperson	Could you wait around 3 days, new clothes will arrive.
Eva	No, I should go on a business trip tomorrow. Well, is it refundable?
Salesperson	Of course. Did you pay it for credit card?
Eva	No, I paid cash. Here is the receipt.
Salesperson	Alright. Wait a minute.

단어와 표현 Words and expression

얼룩	stain/spot	결제	pay	• 카드로 결제하셨나요?
같다	same	영수증	receipt	Did you pay it with credit card?
도착하다	arrive	환불	refund	• 현금으로 계산했어요.
출장	business trip			I paid it in cash.

체크무늬는 나이가 들어 보여요.
Checkered patterns make people look old.

세로줄무늬는 날씬해 보여요.
Vertical stripe patterns make people look slim.

뚱뚱한 사람이 가로줄무늬 옷을 입으면 곤란해요.
It is not good for a fat person to wear a horizontal striped t-shirt.

작은 물방울무늬는 여름에 시원해 보여요.
Small polka dots look cool in Summer.

꽃무늬가 있는 하얀색 바지를 입은 여자 분이 누구예요?
Who is the lady wearing white pants with flower patterns?

색깔 Colors

빨간색(빨강)
Red

노란색(노랑)
Yellow

파란색(파랑)
Blue

하얀색/
흰색(하양)
White

까만색(까망/
검은색/검정)
Black

보라색
Purple

녹색/초록
Green

분홍색
Pink

갈색
Brown

회색
Gray

● 한 치수 큰 걸로 바꾸려고요.
I would like to exchange it the next size up.

● 단추가 떨어졌어요.
The button came off.

● 소매 끝의 바느질이 잘못됐어요.
The needlework at the end of the sleeves are not good.

● 지퍼가 고장났어요.
The zipper is not working.

● 집에 가서 보니까 색깔이 마음에 안 들어서요.
I didn't like the color when I looked at it at home.

※ 언제 구입하셨죠?
When did you purchase it?

※ 2주가 지나면 교환이 안 됩니다.
It is not refundable after 2 weeks.

※ 영수증은 가지고 오셨어요?
Did you have a receipt?

※ 다른 걸로 한번 보시겠어요?
Would you like to look at others?

※ 차액을 환불해 드릴게요.
I refund the balance.

바꿀 수 있어요? Am I able to exchange this cloth?

빨리	갈
볼펜 좀	빌릴
저 좀	도와주실
내일	만날

수 있어요?

내일 출장을 가야 돼요.
I should go on a business trip tomorrow.

9시까지	출근해
어머니를	도와 드려
내일까지	끝내
컴퓨터를 새로	사

야 돼요.

Tip 싼 게 비지떡

● 싼 게 비지떡

단돈
5,000원짜리
가방

싼 게 비지떡 :

The cheap things have bad quality.

You get what you pay for.

That which is bought cheap is the dearest.

인터넷 쇼핑은 싸고 편리해요.
Internet shopping is cheap and convenient.

에바 미영 씨, 이 립스틱 어때요?

미영 예쁘네요. 그런데 색이 좀 진한 것 같아요.

에바 그렇죠? 인터넷으로 샀는데 화면으로 본 것과 색이 좀 달라요.

미영 인터넷 쇼핑은 싸고 편리하지만 이런 점이 좀 안 좋아요.
      그런데 발라 보셨어요?

에바 아니요. 아직 안 발랐어요.

미영 그럼 다른 색깔로 바꿔 보세요. 아이섀도하고 같은 색으로 바르면
      좋을 거예요.

에바 그래야겠어요.

Eva	Miyoung, what do you think of this lipstick?
Miyoung	It looks nice. But, the color seems dark.
Eva	Is it? I bought it on the Internet, but the color is a little different with the one I saw on a screen.
Miyoung	Internet shopping is cheap and convenient, but there is a problem like this, anyway, did you put it on?
Eva	No, not yet.
Miyoung	Then, try to exchange it for another color. It would be good to put on the same color of eye shadow.
Eva	Yes, I think I should.

단어와 표현 Words and expression

인터넷	Internet	바르다	put on/ apply
쇼핑	shopping	아이섀도	eye shadow
편리하다	convenient		
립스틱	lipstick	• 색이 진한 것 같아요.	The color seems dark.
화면	screen	• 그래야겠어요.	Yes, I think I should.

오늘 마사지를 했더니 화장이 잘 먹네요.

I had a face massage, it gives better effects for make up.

팩을 하면 피부가 촉촉해요.

Applying pack makes the skin moist.

오렌지색 아이섀도를 발라 보세요.

Try putting on the orange color eye shadow.

빨간색 매니큐어를 발랐군요.

You put the red color manicure.

마스카라를 하면 눈이 커 보여요.

If using mascara, the eyes look bigger.

피부색에 맞는 콤팩트를 하세요.

Use a matching compact to your skin color.

기초화장품과 목욕용품

스킨& 로션
tone&
moisturizing lotion

영양크림
face cream

에센스
serum

아이크림
eye cream

샴푸&린스
shampoo&rinse

바디크렌저
body soap

바디로션
body moisturizer

클렌징 크림
face cleanser

● 요즘 화장이 잘 안 먹어요.
These days, make up is not effective.

❀ 마사지를 받아 보세요.
Try to get a massage.

● 봄철이라 피부가 좀 거칠어졌어요.
Skin is getting rough due to spring season.

❀ 머드팩은 피부에 정말 좋아요.
Mud-pack is really good for skin.

● 외출할 때는 선크림을 꼭 바르세요.
When you go out, put on a sun-block.

❀ 이건 미백효과가 있어요.
It has a bleaching effect.

❀ 햇볕에 탔을 때는 오이 마사지를 해 보세요.
When you get a sun-burn, please do a cucumber massage.

● 피부가 흰 편이에요.
You have fairly white skin.

● 이렇게 하면 얼굴이 작아 보여요.
When done like this, it make the face look smaller.

❀ 머릿결이 참 좋으시군요.
You have healthy hair.

싸고 편리하지만 이런 점이 좀 안 좋아요.
It is cheap and convenient but there is a problem like this.

많이	먹		날씬해요.
오래	걸었	지만	피곤하지 않아요.
KTX는	비싸		빨라요.
이 구두는	예쁘		불편해요.

바르면 좋을 거예요. It would be good to put on.

빨리	가		늦지 않을	
이 옷을	입으	면	예쁠	거예요.
비가	오		추워질	
운동을	하		건강해질	

Tip 피부 미인.

● "피부 미인이 되세요."

피부 미인이
되세요.

Be a skin-beauty

보령머드축제 : http://www.mudfestival.or.kr

21 오늘이 며칠이죠?
What's the date today?

팜타이	벌써 12월이네요.
타나카	올해도 얼마 남지 않았어요. 또 한 살 먹겠죠.
	아참, 그런데 오늘이 며칠이죠?
팜타이	12월 3일인데, 왜요?
타나카	어휴! 큰일날 뻔했어요. 아내 생일이 12월 7일이거든요.
팜타이	그래요? 그럼, 이번 주 토요일이네요.
타나카	작년에는 깜빡 잊어버려서 한 달 동안 아내에게 바가지를 긁혔어요.
팜타이	한 달 동안이나요? 농담이지요?
타나카	농담이 아니에요. 얼마나 힘들었는데요.

Pham Thai	It's already December.
Tanaka	Only a few days left in this year, we grow one year older again. By the way, what's the date today?
Pham Thai	It's December 3rd, why?
Tanaka	Oh, my! I almost got in to big trouble. Actually, my wife's birthday is December 7th.
Pham Thai	Oh, really? It's saturday in this week.
Tanaka	I totally forgot last year, my wife nagged at me for a month.
Pham Thai	A month? You are kidding me!
Tanaka	No, I'm not! It was so troublesome.

단어와 표현 Words and expression

외출	going out	농담	joke
벌써	already	힘들다	hard
깜박	totally forget	• 또 한 살 먹겠죠. Grow one year older
잊어버리다	forget	• 큰일날 뻔했어요. ~ almost got into big trouble.
긁히다	nag	• 바가지를 긁혔어요. Nagged at ~

일요일 SUN/日	월요일 MON/月	화요일 TUE/火	수요일 WED/水	목요일 THU/木	금요일 FRI/金	토요일 SAT/土
		1	2	3	4	5
6	7 그저께 The day before yesterday	8 어제 yesterday	9 오늘 today	10 내일 tomorrow	11 모레 the day after tomorrow	12

1월 일월	January
2월 이월	February
3월 삼월	March
4월 사월	April
5월 오월	May
6월 유월	June
7월 칠월	July
8월 팔월	August
9월 구월	September
10월 시월	October
11월 십일월	November
12월 십이월	December

• 5월
지난달
last month

• 6월
이번달
this month

• 7월
다음달
next month

• 2008년
작년(지난해)
last year

• 2009년
올해(금년)
this year

• 2010년
내년
next year

● 이 떡국을 먹어야 한 살 더 먹어요.
You have to eat rice-cake soup to be a year older.

● 몇 살이에요? 나이가 어떻게 돼요?
How old are you?

● 연세가 어떻게 되세요?
May I ask, how old are you? (to older person)

❀ 저는 용띠예요.
I was born in the year of the dragon.

● 금년은 돼지해예요.
It is the year of the pig.

❀ 생일날 미역국을 먹어요.
We eat seaweed soup on birthdays.

● 저는 제 남편과 동갑이에요.
My husband and I are the same age.

● 요즘은 환갑 때 보통 여행을 가요.
These days, people usually go to travel in the 60thbirthday.

❀ 지난해에는 생일선물로 꽃을 받았어요.
I received flowers for the birthday present last year.

● 다음 주에 친구 아기 돌잔치가 있어요.
I have a first birthday party for my friend's baby.

🧑 큰일날 뻔 했어요. I almost got in to big trouble.

계단에서	넘어질
축구하다가	다칠
늦잠 자서	지각할
친구하고	싸울

뻔 했어요.

🧑 아내 생일이 12월 7일이거든요.
Actually, my wife's birthday is December 7th.

내일이	결혼식
지금은	근무 중
여기는	도서관
오늘이	토요일

(이)거든요.

Tip 세월이 쏜살같다.

● 세월이 쏜살같다. Time flises like an arrow.

It means that time flies so fast.

일기예보 들으셨어요?
Did you hear the weather forecast?

김민수	타나카 씨, 일찍 출근했네요.
타나카	네, 그런데 김민수 씨는 왜 우산을 가지고 왔어요?
김민수	지금 밖에 비가 와요.
타나카	어, 제가 올 때는 안 왔는데 비가 많이 와요?
김민수	네, 게다가 바람도 많이 불어요.
타나카	비가 언제까지 올까요?
김민수	일기예보에서 하루 종일 온다고 했어요.
타나카	그럼 혹시 주말 예보도 들으셨어요?
김민수	네, 주말에는 날씨가 좋을 거라고 했어요.
타나카	다행이네요. 아내 생일이라서 주말에 민속촌에 가려고 하거든요.

Kim Minsu	Mr. Tanaka, you arrived early.
Tanaka	Yes. Why did you bring an umbrella?
Kim Minsu	It's raining now.
Tanaka	It didn't when I came. Is it raining a lot?
Kim Minsu	Yes, moreover it's blowing hard.
Tanaka	When do you expect rain to stop?
Kim Minsu	The weatherman said it would rain all day long.
Tanaka	Do you happen to hear the weather forecast for the weekend?
Kim Minsu	Yes. I heard it is supposed to be present on the weekend.
Tanaka	It's a relief. We're planning to go to the folk village because of my wife's birthday.

단어와 표현 Words and expression

일기예보	weather forecast	혹시 maybe	• 다행이네요. It's a relief.
출근하다	go to work	민속촌 Folk Village	
게다가	besides		
하루 종일	all day long		

봄 Spring

날씨가 따뜻해요. It's warm.

바람이 많이 불어요. It's blowing hard.

꽃이 많이 피어요. Flowers are blooming a lot.

황사가 있어요. Yellow dust shows up.

여름 Summer

날씨가 더워요. It's hot.

비가 많이 와요. It rains a lot.

천둥이 쳐요. It thunders.

번개가 쳐요. Lightning flashes.

가을 Fall

날씨가 선선해요. It's cool.

맑은 날이 많아요. There are many sunny days.

단풍이 들어요. Leaves turn red and yellow.

낙엽이 떨어져요. Leaves fall.

안개가 심해요. It is a thick fog.

겨울 Winter

날씨가 추워요. It's cold.

얼음이 얼어요. It is freezing into ice.

눈이 와요. It is snowing.

눈사람을 만들어요. We make a snowman.

스키를 타요. We ski.

- 한국은 사계절이 뚜렷해요.
  Korea has four seasons clearly.

- 봄에는 건조해서 산불이 잘 나요.
  Forest fires often happen due to dry weather in springs.

- 올 여름 휴가는 어디로 가실 거예요?
  Where will you go for your summer vacation?

- 내장산으로 단풍 구경 갑시다.
  Let's go to Mt. Naejang to see the scarlet maple leaves there.

- 소나기가 내린 후에는 무지개가 떠요.
  A rainbow appears after a shower.

- 지난 여름에는 태풍 때문에 피해가 컸어요.
  Last summer, the typhoon caused a severe damage.

- 작년에 서울에는 폭설이 내렸어요.
  There was a blizzard in Seoul last year.

- 올해는 가뭄이 심해요.
  We have severe drought in this year.

- 6월 말부터 7월 말까지가 장마철이에요.
  It is rainy season from the end of June to the end of July.

- 환절기에는 감기 조심하세요.
  Please be careful not to get a cold during changing seasons.

주말에는 날씨가 좋을 거라고 했어요.
I heard it is supposed to be present on the weekend.

내일 서울	갈	
오늘 저녁에	만날	거라고 했어요.
내일부터 날씨가	추울	
이 옷이 저한테	어울릴	

아내 생일이라서 주말에 민속촌에 가려고 해요.
We're planning to go to the folk village because of my wife's birthday.

결혼식		예식장에 가요.
추석	(이)라서	길이 많이 막혀요.
휴일		친구하고 영화 보러 가요.
환절기		감기 환자가 많아요.

Tip 호랑이 장가가는 날(여우비)

● 호랑이 장가가는 날(여우비) The day a tiger gets married.

A light rain while the sun shine.

좋은 영화가 들어왔어요.
A good movie is on the screen.

팜타이	미영 씨, 주말에 시간 있어요?
이미영	저야 늘 시간이 많지요. 왜요?
팜타이	좋은 영화가 들어 왔는데 같이 갑시다.
이미영	좋아요. 무슨 영화인데요?
팜타이	코미디영화예요. 제가 인터넷으로 표를 예매할게요.
이미영	주말이라서 사람이 많을 텐데 표가 있겠어요?
팜타이	인터넷으로 확인해보고 없으면 극장에 가서 사죠, 뭐.
이미영	그럼 토요일 6시에 만나서 먼저 저녁부터 먹을까요? 제가 살게요.

Pham Thai	Miyoung, do you have time this weekend?
Lee Miyoung	I always have time. Why?
Pham Thai	A good movie is showing, let's go together.
Lee Miyoung	Good. What's the movie?
Pham Thai	It's a comedy film. I will book the tickets through the internet.
Lee Miyoung	Being the weekend, there will be a lot of people, there would be no tickets.
Pham Thai	I'll check it on the Internet, if there's no ticket, then I'll buy it in the ticket box.
Lee Miyoung	Then, shall we meet at 6 o'clock on Saturday and go to dinner first? I'll treat you.

단어와 표현 Words and expression

늘	always	• 저야~	I am~
예매하다	book/buy in advance	• 영화가 들어 왔는데	Movie is on a screen.
확인하다	check/confirm	• 사죠, 뭐.	~buy it, then.
극장	movie theater		

애정영화(멜로)
a romance movie

공포영화(호러)
a horror movie

코미디영화
a comedy movie

액션영화
an action movie

공상과학영화(SF)
a science-fiction movie

만화영화(애니메이션)
an animation

다큐영화
a documentary film

전쟁영화
a war film

가족영화
a family movie

● 요즘 볼 만한 영화가 어떤 게 있어요?
What movies are worth seeing these days?

❀ 영화 포스터를 보니까 재미있을 것 같아요.
Seeing the poster, the movies looks fun.

● 상영시간이 2시간쯤 돼요.
The running time is about two hours.

❀ 흥행에 성공한 영화예요.
The movie was a hit at the box office.

● 6시표 있어요?
Do you have tickets for 6 o' clock?

❀ 맨 뒷자리로 두 장 주세요.
Two back seats please.

● 이 영화는 감독이 누구예요?
Who is the director of this film?

❀ 주인공이 연기를 참 잘 하네요.
The main actor acts very well.

● DVD에는 자막이 있어서 좋아요.
It is good to have sub title in DVD.

❀ 이 영화는 내용보다 영화음악(ost.)이
더 좋아요.
The music is better than the story
in this movie.

제가 인터넷으로 표를 예매할게요.
I will book the tickets through the internet.

제가 먼저	갈	
자료는 제가	준비할	게요.
음식을 충분히	만들	
더 열심히	공부할	

주말이라서 사람이 많을 텐데, 표가 있겠어요?
Being the weekend, there will be a lot of people, there would be no tickets.

아이		좋아할		많이 주세요.
회사원	(이)라서	바쁠	텐데,	시간이 있겠어요?
임산부		힘들		여기 앉으세요.
방학		복잡할		다음에 가죠.

Tip 금강산도 식후경

● 금강산도 식후경 In any situation, eating comes first.

No matter how beautiful the scenery,
it would not be enjoyed if hungry.

민속촌에는 처음이지요?
Is it the first time in folk village?

아 내	민속촌에는 처음이지요?
타나카	음, 그래. 이야기는 많이 들었지만 바빠서 한 번도 못 왔잖아.
아 내	오늘은 내가 안내할게요. 이 집은 양반들이 살던 집이고, 저 집은 서민들이 살던 집이에요.
타나카	그런데 이건 뭐지?
아 내	아! 이거요? 짚신이에요. 옛날 사람들이 신던 신발이에요.
타나카	그래? 고향 친구들한테 이거 하나씩 보내 주고 싶은걸.
아 내	그러세요. 배도 고픈데 저쪽 장터에 가서 뭐 좀 먹을까요?
타나카	그럽시다. 국밥도 먹고, 막걸리랑 파전도 시킵시다.

wife	Is it the first time to visit folk village?
Tanaka	Yes, I've heard a lot, but I've never visited before because I've been busy.
wife	I'll guide you today. This house is where the nobles lived, that is where common people lived.
Tanaka	Buy the way, what's this?
wife	Oh, is this? These are straw sandals. People used to wear them in the old days.
Tanaka	Did they? I would like to send these to my hometown friends.
wife	Sure. I feel hungry, shall we go to the market place and have something to eat?
Tanaka	OK. Let's have Gukbop, and order some makgeolli with pajeon.

단어와 표현 Words and expression

민속촌	folk village	장터	market place
안내하다	guide	국밥	cooked rice served in soup
양반	the nobility/the upper class of old korea	막걸리	rice wine
서민	common people	파전	pancake with leeks
짚신	straw sandals	• 그러세요.	Sure.
옛날	ancient	• 그럽시다.	Okay.

기와집
a tile-roofed house

초가집
a thatched cottage

너와집
a shingle-roofed house

지게
a carrying rack

복조리
a luck strainer

짚신
straw sandals

풍물놀이
the Korean traditional
percussion quartet

장승
a totem pole

전통혼례
the Korean traditional
wedding ceremony

연날리기
kite flying

그네뛰기
swing

널뛰기
seesawing

● 오늘은 시간을 내서 놀이공원에 갑시다.
Let's arrange time for visiting an amusement park.

❀ 놀이기구를 타려면 줄을 서서 기다리세요.
If you want to ride, please come into line and wait.

❀ 매표소에서 표를 끊으세요.
Please buy the ticket in the ticket box.

● 개장시간과 폐장시간 좀 알려주세요.
Please tell me the opening and closing time.

❀ 갈 만한 곳 좀 추천해 주세요.
Please recommend some places to visit.

● 민속촌에는 볼거리가 정말 많네요.
There are many things to see in folk village.

● 민속촌에 가는 차편이 어떻게 되지요?
What kind of conveyance is available to go to the folk village?

❀ 수원나들목을 나가서 용인쪽으로 가세요.
Please go out in Suwon interchange, and go to Yongin way.

❀ 셔틀버스를 이용하면 편리해요.
It is convenient to take the shuttle bus.

● 기념품 가게에서 선물을 살까요?
Shall we buy some presents in the souvenir store?

옛날 사람들이 신던 신발이에요.
They are the shoes which ancient people used to wear.

언니가	입		옷이에요.
우리가 자주	가	던	커피숍이에요.
내가	보		책이에요.
작년에	타		자전거예요.

막걸리랑 파전도 시킵시다.
Also, let's order Mokgeoli with pajeon.

시장에서	과일		채소	를 삽시다.
점심에	우유	(이)랑	빵	을 먹었어요.
여기는	엄마		내	가 자주 오는 식당이야.
생일에	꽃		향수	를 받았어요.

Tip   첫눈에 반하다

● 첫눈에 반하다. Love at first sight

안녕하세요.
저는 에바라고 합니다.
Hi, I'm Eva.

Fall in love with someone at first sight.

동대문에서 지하철로 갈아타세요.
Please transfer to a subway at Dongdaemun.

왕웨이	김민수 씨, 서울역에 가려면 몇 번 버스를 타야 돼요?
김민수	여기에서 직접 가는 버스나 지하철은 없어요.
왕웨이	그럼, 어떻게 가지요?
김민수	33번 버스를 타고 동대문에 가서 지하철로 갈아타야 돼요.
왕웨이	33번 버스는 어디에서 타요?
김민수	이쪽으로 200m쯤 가면 버스 정류장이 있어요.
왕웨이	사실은 혼자 지하철을 타 본 적이 없어서 자신이 없는데…….
김민수	걱정하지 마세요. 동대문역에서 1호선이나 4호선을 타면 돼요.
왕웨이	알았어요. 한번 해 볼게요.

Wang Wei	Minsu, which bus number should I catch to Seoul Station?
Kim Minsu	There aren't any buses or subways going directly around here.
Wang Wei	Then, how can I get there?
Kim Minsu	Take bus no.33 and get off at Dongdaemun, transfer to a subway.
Wang Wei	Where can I take the bus no.33?
Kim Minsu	There is a bus station to this way, 200meters away.
Wang Wei	Actually, I'm not confident I can, I've never taken the subway alone.
Kim Minsu	Don't worry. You can take line number 1 or 4 at Dongdaemun station.
Wang Wei	Alright, I'll try.

단어와 표현 Words and expression

직접	directly		• 사실은	actually
지하철	subway		• 타 본 적이 없다.	Have never taken.
동대문	Dongdaemun		• 자신이 없다.	not confident.
갈아타다	transfer		• 탈 것	transportation
버스 정류장	bus stop			
사실	actual			
혼자	alone			

호출 택시(콜 택시)	대형 택시(콜밴)	시내버스	좌석버스
Call taxi	Call van(or Jumbo taxi, it is up to 9 people.)	city bus	deluxe bus

택시 잡기가 어려울 때는 호출 택시를 이용하세요.
Please use a call taxi when it's hard to get a taxi.
짐이 많아서 콜밴을 불렀어요.
I called a call van because I have lots of luggage.
시청에 가려면 15번 시내버스를 타세요.
Take bus no. 15 to go to city hall.
좌석버스는 요금이 비싸지만 편안해요.
A deluxe bus fee is expensive but it's comfortable.
매일 아침 셔틀버스를 타고 스포츠센터에 다녀요.
I go to sports center by shuttle bus every morning.
저는 매일 대전에서 서울까지 KTX로 통근해요.
I commute from Daejeon to Seoul by KTX everyday.
서울에서 대전까지 고속버스로 2시간쯤 걸려요.
It takes 2 hours from Seoul to Daejeon by express bus.

소방차	구급차	오토바이	자전거
fire engine	ambulance	motocycle	bicycle

유모차	무빙워크	엘리베이터	에스컬레이터
baby carriage	moving walk	elevator	escalator

● 길 좀 물어볼게요.
Could you tell me the directions?

● 실례지만 남대문시장에 어떻게 가요?
Excuse me, how can I go to Namdaemun Market?

❀ 동대문역에서 3번 출구로 나오세요.
When you get off the Dongdaemun Station,
get out of exit #3.

● 지하철로 얼마나 걸려요?
How long will it take by subway?

❀ 지하철역에서 5분 거리예요.
It is 5 minutes from the subway station.

❀ 세 정거장 더 가서 내리세요.
Please get off at 3 more stops.

❀ 다음 역에서 내려서 버스로 환승하세요.
Please get off at the next station, transfer to a bus.

● 교통카드를 충전해야겠어요.
I should charge some money on the traffic card.

❀ 고속버스터미널 앞에서 만납시다.
Let's meet in front of the Express Bus Terminal.

❀ 유람선을 타고 서울 야경을 구경해 보세요.
Try to take a ferry and enjoy a night view of Seoul.

걱정하지 마세요. Don't worry.

약속 시간에	늦	
담배를	피우	지 마세요.
작품에	손대	
사진을	찍	

동대문역에서 1호선이나 4호선을 타면 돼요.
You can take line number 1 or 4 at Dongdaemun station.

이 약을	드시	
7시까지	오시	면 돼요.
이쪽으로 곧장	가시	
인터넷으로	예매하	

Tip 아는 길도 물어 가라.

● 아는 길도 물어 가라.
Ask the direction even
when you know where to go.

It means that you should think carefully about the possible results
or consequences before doing something.

서울역으로 빨리 가 주세요.
Please hurry to Seoul station.

택시기사	어서 오세요. 손님.
왕웨이	아저씨, 죄송하지만 서울역으로 빨리 가 주세요.
택시기사	지금은 퇴근시간이라서 길이 많이 막혀요. 기차 타실 건가요?
왕웨이	아니에요. 서울역 근처에서 약속이 있어요.
택시기사	기차 타는 게 아니라서 다행이군요. 약속이 몇 시예요?
왕웨이	7시예요.
택시기사	아이고, 약속 시간에 좀 늦을 것 같군요. 어쨌든 빨리 가 봅시다.
	이쪽으로 가면 덜 막힐 거예요.
왕웨이	고맙습니다. 그렇게 해 주세요.

Taxi driver	Hello, Mr.
Wang Wei	Sorry but please hurry to seoul station.
Taxi driver	There is much traffic because it's the rush hour. Will you take a train?
Wang Wei	No. I have an appointment near Seoul Station.
Taxi driver	It's a good thing you are not taking the train. What time is your appointment?
Wang Wei	It's 7 o'clock.
Taxi driver	Oh my, you are probably going to be late. Anyway, let's try to hurry up. This way will have less traffic.
Wang Wei	Thank you. Please do.

단어와 표현 Words and expression

손님	guest, Mr./Mrs.	늦다	be late
아저씨	Man	어쨌든	anyway
퇴근시간	rush hours from work to home	덜	less
막히다	be stuck/heavy traffic	• 덜 막힐 거예요. It will have less traffic.
근처	near	• 그렇게 해 주세요. Please do.
약속	appointment	

직진
straight

좌회전
left turn

우회전
right turn

유(U)턴
hairpin curve

추월금지
no passing

버스전용차로
bus-only lane

주차금지
no parking

일방통행
one way

어린이 보호구역
school zone

삼거리
junction of three roads

사거리
crossroads

오거리
five-way crossing

횡단보도
crosswalk/pedestrian crossing
횡단보도에서 조심하세요.
Be careful at a crosswalk

지하도
underground passage
지하도로 내려가세요.
Go down to an underground passage.

육교
overhead walkway
육교를 건너가세요.
Please pass an overhead walkway

신호등 traffic light

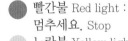

빨간불 Red light :
멈추세요. Stop
노란불 Yellow light :
기다리세요. Wait
초록불 Green light :
가세요. Go
화살표 Arrow :
좌회전하세요.
Turn to the left.

● 어디까지 가세요?
Where do you go to?

❀ 사거리에서 우회전한 다음에 계속 직진해 주세요.
Please turn right at the crossroad and
keep going straight.

❀ 다음 신호에서 좌회전하셔야 돼요.
You should turn left at the next traffic light.

❀ 유턴해서 건너편에 세워 주세요.
Please make a hairpin-turn and let me
get off at the opposite side.

● 거기 위치가 어떻게 되죠?
Where is it located?

❀ 우체국은 은행 맞은편에 있어요.
The post office is opposite to the bank.

● 이 시간엔 택시 잡기가 힘들어요.
It is hard to get a taxi at this hour.

❀ 모범택시는 일반택시보다 비싸요.
Deluxe taxies are more expensive
than regular taxies.

● 콜택시를 부르면 호출 비용을 더 내셔야 해요.
It should be paid an additional fee
if you use call-taxies.

❀ 안전띠를 매 주세요.
Please fasten your seat belt.

기차 타실 건가요? Will you take a train?

언제	올	
이 영화를	볼	건가요?
휴대폰을	사실	
오늘 야구장에	가실	

기차 타는 게 아니라 다행이군요.
It's a good thing you are not taking the train.

머리를	다친	
약속 시간에	늦은	게 아니라 다행이에요.
많이	아픈	
지갑을	잃어버린	

Tip 초 보 운 전

● 초보 운전 Beginner driving / Unskilled driving

초보 운전 :

It is warning mark attached to the back of the car to inform
the following cars that it is being driven by a beginner driver.

대전행 KTX 표 있어요?
Do you have a KTX ticket to Daejeon?

타나카	대전행 7시 20분 KTX 표 있어요?
역무원	죄송합니다. 매진되었습니다.
타나카	그럼 몇 시 게 있나요?
역무원	7시 50분 표는 있습니다.
타나카	그럼, 그걸로 어른 3장하고 어린이 1장 주십시오.
역무원	4분이면 동반석으로 끊으시는 게 더 쌉니다. 그걸로 해 드릴까요?
타나카	네, 그러지요. 카드로 계산할게요. 얼마예요?
역무원	53,800원입니다. 카드로 결제하실 땐 자동발매기를 이용하면 좀 더 저렴하게 사실 수 있습니다.

Tanaka	Can I buy KTX tickets to Daejeon leaving for 7:20?
employee	Sorry, all booked-out.
Tanaka	Then what time is available?
employee	We have tickets for 7:50.
Tanaka	Well, 3 adults and 1 kid for that one.
employee	It is cheaper to buy a group seat fare if there are 4 people. Will you buy it?
Tanaka	Yes, sure. I'll pay it by credit card. How much is it?
employee	It's 53,800won. If you use credit card, it is cheaper to use an automatic ticketing machine.

단어와 표현 Words and expression

대전행	to Daejeon	자동발매기	automatic ticketing machine
매진	booked-out	저렴하다	cheap
어른	adult		
어린이	kid/child	• 동반석으로 끊어요.	Buy tickets for group seats.
끊다	buy	• 카드로 계산할게요.	I'll pay it by credit card.
결제하다	pay	• 몇 시 게 있나요?	What time do you have?

기차표 a railroad icket

열차종류 train class

일반실 comercial seat

7호차 9석 the 7th booth seat 9

부대시설

동반석
group seats

장애특실
deluxe room for
people with
disabilities

유아동반
with a toddler

노트북
lap top

- 경부선(서울-부산)
- 호남선(용산-목포)
- 경인선(서울-인천)
- 영동선(강릉-영주)
- 경춘선(청량리-춘천)
- 전라선(익산-여수)
- 중앙선(청량리-경주)
- 장항선(용산-장항)
- 경의선(문산-개성)
  ◈ www.kids.korail.go.kr.

❋ 식당칸에 가서 맥주나 한잔 합시다.
Let's drink a glass of beer at the dining car.

● '나가는 곳'은 왼쪽입니다.
The exit is on left side.

❋ 친구가 마중 나오기로 했어요.
My friend will come to meet me.

● 기차가 출발한 후에는 환불 수수료를 내셔야 합니다.
A refund should be paid to service fee after
a train leaves.

❋ 명절에는 기차표 구하기가 어려워요.
It is hard to buy train tickets in holidays.

● 물건을 분실하셨으면 유실물 센터에 전화해 보세요.
Please call to the lost-and-found if you lose
your belongings.

● 대구에 가려면 부산방면으로 나가세요.
If you go to Daegu, please get out of
the gate to Busan.

● 역에서 상행선 시간표를 확인하세요.
Please check the time table for the
up-line at the station.

● 좌석은 없고 입석표만 남아 있습니다.
There is no seat, only standing
rooms available.

● ◉서울행 11시 20분 새마을호가
4번 홈으로 들어오고 있습니다.◉
Saemaeul-ho train leaving at 11:20 to
Seoul is coming on track no.4.

동반석으로 끊으시는 게 더 저렴합니다.
It is cheaper to buy a group seat fare.

버스	타		힘들어요.
한국어를	배우	는 게(것이)	재미있어요.
큰 회사에	취직하		어려워요.
영화	보		좋아요.

좀 더 저렴하게 사실 수 있습니다.
You can buy it cheaper.

점심	맛있		드세요.
연휴	즐겁	게	보내세요.
그 책	재미있		읽었어요.
제 친구는	멋있		생겼어요.

Tip 천릿길도 한 걸음부터

● 천릿길도 한 걸음부터: A journey of 100 miles begins with a single step.

It means starting is important.

편도로 2장 주십시오.
Please two tickets for one-way.

직 원	어서 오십시오. 뭘 도와 드릴까요?
왕웨이	중국 베이징에 가려고 하는데요.
직 원	네, 가시려는 날짜가 언제입니까?
왕웨이	12월 29일입니다.
직 원	잠깐만 기다려 주십시오. 12월 29일 몇 시 비행기로 가실 건가요?
왕웨이	오후 2시쯤에 있습니까?
직 원	네, 오후 2시 20분에 대한항공이 있습니다. 왕복으로 하실 건가요?
왕웨이	아니요. 편도로 2장 주십시오.
직 원	여기 있습니다. 12월 29일 출발 2시간 전에 공항으로 오셔야 합니다.

employee	Hello. What can I do for you?
Wang Wei	I would like to reserve a seat for a flight to Beijing, China.
employee	When would you like to leave?
Wang Wei	On December 29th.
employee	Wait a minute please. What time flight would you like to take?
Wang Wei	Around 2:00PM?
employee	Yes, there is Korean Airline departure at 2:20PM. Would that be a round-trip?
Wang Wei	No. two tickets for one-way.
employee	Here they are. Please check in 2 hours before departure time at the airport on Dec. 29.

단어와 표현 Words and expression

편도	One-way	• 잠깐만 기다려 주십시오.	Please wait a minute.
베이징	Beijing	• 왕복으로 하실 건가요?	Would that be a round-trip?
날짜	Date		
대한항공	Korean Airline		
출발	leave/departure		

편의시설

환전소
the place for exchange

면세점
Duty free shop

유실물센터
Lost & found center

수하물 찾는 곳
Luggage pick up

렌트카
A rent car

공항버스
Airport shuttle bus

공중전화
Phone pox

종합안내
Information center

전국 주요 공항 및 항구 Major airports and harbors

■ 공항 Airports
  인천Incheon / 김해Gimhae /
  속초Sokcho / 청주Cheongju /
  김포Gimpo / 광주Gwangju /
  목포Mokpo / 대구Daegu /
  제주Jeju

● 항구 Harbors
  인천Incheon / 대천Daecheon /
  목포Mokpo /부산Busan /
  포항Pohang /속초Sokcho /
  제주Jeju

- 항공사의 체크인카운터에서 탑승수속을 할 수 있습니다.
  You can check in at the airline counter.

- 탑승권과 여권을 보여 주세요.
  Please show me your boarding pass and passport.

- 영국 런던으로 바로 가는 비행기 있어요?
  Do you have a nonstop flight to London
  in England?

- 공항 리무진을 이용하시면 편리해요.
  It is convenient to use an airport limousine.

- 공항에서도 환전하실 수 있어요.
  It is possible to exchange foreign currency
  at the airport.

- 면세점에서 선물을 사면 싸요.
  It is cheap to buy some presents
  at duty-free shops.

- 요즘 저가 항공을 이용하는 사람들이 많아졌어요.
  Recently the number of people who use
  cheap flights is growing.

- 액체류는 기내 반입이 제한됩니다.
  Liquid things are unacceptable on board.

- 승무원이 곧 기내식을 가지고 올 거예요.
  Crews will bring some food soon.

- ◎비행기가 곧 이륙합니다.
  안전띠를 매 주세요.◎
  The flight will take off soon.
  Please fasten your seal belt.

비행기로 가실 건가요? Will you go by airplane?

버스		왔어요.
제 차	로	같이 가요.
지하철		가시는 게 빨라요.
자전거		갈까요?

출발 2시간 전에 공항으로 오셔야 합니다.
Please check in 2 hours before departure time at the airport.

퇴근		이 일을 끝내세요.
술 마시기	전에	식사부터 하세요.
일주일		예약하는 게 좋아요.
먹기		손부터 씻어야 해요.

Tip 비행기를 태우다.

● 비행기를 태우다. Take someone on airplane.

가수처럼 노래를 잘 하시는군요.

You sing
very well
like a singer!

호호호~.
비행기 태우지
마세요.

Don't flatter me.

비행기 태우다. : I'm flattered.

환전하려고 하는데요.
I'd like to change some money.

안내	어서 오세요.
에바	환전을 하려고 하는데요.
안내	번호표를 뽑고, 1번 창구 앞에서 기다려 주십시오.
직원	오래 기다리시게 해서 죄송합니다. 뭘 도와드릴까요?
에바	달러를 바꾸려고 하는데요. 오늘은 1달러에 얼마지요?
직원	1,028원입니다.
에바	환율이 많이 내렸네요. 100달러만 바꿔주세요.
직원	여권하고 달러를 주시겠습니까?
에바	여기요.
직원	수수료 제하고, 환전하신 금액 여기 있습니다. 확인해 보십시오.

information	Hello.
Eva	I'd like to change some money.
information	Take out the ticket and please wait in front of window no.1.
employee	Sorry for making you wait. What can I do for you?
Eva	I'd like to change some dollars. What's the exchange rate for the U.S. dollar?
employee	1,028won.
Eva	The exchange rate has gone down a lot. Please change 100dollars to won.
employee	Could you give me dollars and your passport?
Eva	Here they are.
employee	Here is the amount you exchanged after the fee for exchange, check it please.

단어와 표현 Words and expression

안내	information	환율	exchange rate	• 번호표를 뽑고 Take out the ticket
창구	window	수수료	service fee	• 환율이 내렸네요 The exchange
환전	change money	금액	amount	rate has gone down.
뽑다	take out	확인하다	check	• 수수료를 제하고 After the service fee

메뉴를 선택하세요
Select Menu

카드나 통장을 넣으세요
Insert a bank card or a bank book

비밀번호를 누르세요
Input PIN number

금액을 선택하세요
Select the amount

현금이나 수표를 선택하세요
Select Cash or check

명세서를 받으세요
Receive the statement(receipt)

돈을 꺼내세요 Take out cash

● 통장과 현금카드를 만들고 싶은데요.
I'd like to open an account and cash card.

❀ 통장을 만들려면 여권이나 외국인 등록증이
필요합니다.
You can open an account with your passport
or certificate of alien registration.

❀ 여권번호를 적어 주시겠어요?
Could you write down your passport number?

● 신분증 복사하고 드리겠습니다.
I'll make a copy of your ID, and bring it back.

❀ 여기에 서명해 주십시오.
Please sign here.

● 송금하려면 어떻게 하지요?
How can I remit the money?

❀ 입금 통장 계좌번호와 받으실 분
이름을 써 주십시오.
Please write down the account number
and the name who receives.

● 카드를 분실했는데 어떻게 하지요?
I lost my card, what can I do?

❀ 카드를 재발급 받으시겠어요?
Would you like to get a renewal card?

❀ 비밀번호 네 자리를 눌러 주세요.
Please press the 4 digits pin number.

🧑 기다리시게 해서 **죄송합니다.** Sorry for making you wait.

여기까지			죄송합니다.
힘든 일을	오시		미안합니다.
돈을 많이	하 쓰	게 해서	미안합니다.
무거운 것을	들		힘들었지요?

🧑 1달러에 얼마지요?
What's the exchange rate for the U.S. dollar?

천 원		3개입니다.
1벌	에	만 원입니다.
1kg		4천 원입니다.
한 사람		오천 원입니다.

Tip 　　*티끌모아 태산*

● 티끌모아 태산　Many drops make a shower.

Lots of small amounts add up to a large amount.

30 소포를 보내려고요.
I'd like to send this package.

직 원	어서 오세요. 뭘 도와 드릴까요?
왕웨이	중국으로 소포를 보내려고요.
직 원	내용물이 뭡니까?
왕웨이	옷하고 신발인데요. 얼마나 걸릴까요?
직 원	배로 보내시면 한 달쯤 걸리고요, 비행기로는 1주일 안에 도착합니다.
왕웨이	비용은 얼마나 들지요?
직 원	무게에 따라 다르지만 보통 비행기로 보내시면 두 배 정도 비쌉니다.
왕웨이	그럼, 비행기로 보낼게요.
직 원	먼저 보내실 물건을 규격 박스(Box)에 넣으시고, 여기에 주소하고 내용물을 적어 주십시오.

employee	Hello, May I help you?
Wang Wei	I'd like to send this package to China.
employee	What does it contain?
Wang Wei	Clothes and shoes. How long will it take for the package to arrive?
employee	It takes around a month by ship, and in a week by air.
Wang Wei	How much is the cost?
employee	The cost depends on the weight, it is usually twice expensive by air.
Wang Wei	Then I will send it by air.
employee	Please put the things in the box, and write down the address and contents here.

단어와 표현 Words and expression

소포	package	배	ship
내용물	contents	비싸다	expensive
비용	cost	규격	standard
무게	weight		

- 얼마나 걸릴까요? How long does it take?
- 비용은 얼마나 들지요? How much is the cost?

국내 Domestic

국제 International

국제특급우편신청서 Form for EMS(express mail service)

주의하세요 Caution

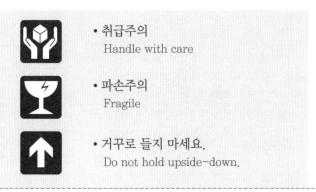

- 취급주의
  Handle with care

- 파손주의
  Fragile

- 거꾸로 들지 마세요.
  Do not hold upside-down.

● 이엠에스(EMS)로 보내주세요.
Please send it by EMS.

❀ 식품류가 있으면 통관 절차 때문에 늦어질 수
있습니다.
It could be late due to customs procedure
if there is food.

❀ 내용물이 파손되지 않게 포장하셨지요?
Is it properly packed not to be fragile?

❀ 받는 분 주소는 아래쪽에 쓰시면 됩니다.
You can write down the recipient's address
on the bottom.

❀ 우편번호를 모르시면 이 책을 보세요.
If you don't know the zip code, please find it
on this book.

● 이건 택배로 보내는 게 더 좋겠어요.
It had better send it by home-delivery service.

● 빠른우편으로 보내면 언제 도착해요?
When is it supposed to arrive by express mail?

❀ 주말이라서 며칠 더 걸립니다.
It takes a few days longer due to weekends.

❀ 중요한 편지는 등기로 보내시는 게 좋습니다.
You had better send the important mail
by registered mail.

❀ 우체국에서도 송금을 할 수 있어요.
You can remit the money at the post office.

소포를 보내려고요. I would like to send the package.

지금 전화를	걸	
내일 친구를	만나	려고요.
이따가 영화를	보	
며칠 후에 고향에	가	

무게에 따라 다릅니다. It depends on the weight.

나라		문화가 달라요.
계절	에 따라	날씨가 달라요.
사람		성격이 달라요.
가격		품질이 다릅니다.

Tip 가는 정이 있어야 오는 정도 있다

● 가는 정이 있어야 오는 정도 있다. Scratch my back, and I'll scratch yours.

If I do something for others, they will return the favor.

감기가 심하시네요.
You have a bad cold.

의 사	어디가 불편하세요?
타나카	감기인 것 같아요. 에~춰~.
의 사	감기가 심하시네요. 언제부터 아프셨어요?
타나카	삼일 전부터요. 처음에는 기침만 나더니 이제는 온몸이 다 아파요.
의 사	몸살감기시군요. 어디 봅시다. 아~ 해 보세요.
	음~ 목이 많이 부으셨네요. 열도 꽤 있고요.
타나카	네, 콧물도 나요.
의 사	혹시 약물 알레르기가 있으세요?
타나카	아직까지는 없었어요.
의 사	우선 약을 이틀 치만 드릴게요. 오늘 주사 맞고 가세요.

Doctor	What do you feel is wrong?
Tanaka	I think I'm catching a cold. Ahchoo~
Doctor	You have a bad cold. When did your pain start from?
Tanaka	Three days ago. I sneezed at first, now my whole body is aching.
Doctor	It is a cold with body ache. Let me see. Say ah.
	You have a swollen throat. Also you have a high fever.
Tanaka	Yes. And I have a runny nose.
Doctor	Are you allergic to any medicine?
Tanaka	No. I've not had it.
Doctor	For now, I'll prescribe medicine for two days. Please get a shot today.

단어와 표현 Words and expression

심하다	bad	약물	medicine	• 이틀 치만 드릴게요.
온몸	whole body	알레르기	allergy	I'll give it to you only
몸살감기	cold with body ache	우선	for now	for two days.
혹시	perhaps/possibly/ maybe			

내과 hospital for internal diseases

배가 아파요. Have a stomachache.

소화가 안 돼요. Indigestion.

치과 dental hospital

이가 아파요. Have a toothache.

안과 Eye hospital

눈이 충혈됐어요. Eyes are bloodshot.

피부과 dermatology

피부가 가려워요. My skin itches.

여드름이 났어요. Have acne.

정형외과 Surgery

다리가 부러졌어요. A leg is broken.

깁스를 했어요. Wear a cast.

소아과 pediatrics

아기가 아파요. Baby is sick.

이비인후과 otolaryngology

코가 막혔어요. Have a stuffy nose.

목이 부었어요. Throat is swollen.

귀가 아파요. Have an earache.

● 제 동생이 팔이 부러져서 깁스를 했어요.
My brother/sister has broken his/her arm,
and wore a cast.

● 배탈이 나서 하루 종일 아무 것도 못 먹었어요.
I have a stomachache, I couldn't eat anything
all day.

● 두통이 심해서 일을 할 수가 없습니다.
I couldn't work at all due to my bad
headache.

● 설사를 계속해서 링거를 맞았어요.
I have loose bowels continually so I get
an IV injection.

✿ 상처가 크니까 병원에 가서 치료 받으세요.
It is a deep wound, so please be treated
in the hospital.

● 친구가 수술을 해서 문병가요.
I'm going to visit a friend in a hospital
who got a surgery.

● 지난주에 입원한 친구가 오늘 퇴원한대요.
My friend who went into last week is
out of hospital today.

● 이번 감기가 독해서 오래 가네요.
This nasty cold lasts for a while.

✿ 불면증이 심하면 우울증에 걸릴 수도 있어요.
Bad insomnia could make people sink
into melancholia.

✿ 다리를 삐었을 땐 침을 맞아 보세요.
Try to get acupunctured when you sprain
your ankle.

🌐 언제부터 아프셨어요? When did your pain start from?

작년		한국어를 배우고 있어요.
오후	부터	비가 온대요.
여기		구경합시다.
김민수 씨		말씀해 보세요.

🧑 처음에는 기침만 나더니 이제는 온몸이 다 아파요.
I sneezed at first, but now my whole body is aching.

작년에는 사과만	비싸		올해는 과일이 다 비싸요.
오전에는 비만	오	더니	지금은 바람도 부네요.
전에는 만화만	보		이제는 소설도 읽어요.
전에는 일만	하		요즘은 여행도 다니시나 봐요.

Tip *세월이 약이다.*

세월이 약이다. Time takes care of everything.

I'm grieved
that he left.

I know you are sad now.
But it will be okay
in the course of time.
Time takes care of everything.

Even how hard it is, it will be fine in the course of time.

처방전 주시겠어요?
Could you give me a prescription?

약 사	어서 오세요.
타나카	감기약을 사러 왔는데요.
약 사	네, 손님. 처방전 주시겠어요?
타나카	여기 있습니다.
약 사	잠시만 기다려 주세요. 여기 약 나왔습니다. 하루 세 번 식후 30분에 드세요.
타나카	예, 알겠습니다. 그런데 처방전이 없으면 약을 살 수 없나요?
약 사	사실 수도 있어요. 뭐 필요한 거 있으세요?
타나카	종합비타민제 좀 사고 싶어요.
약 사	그럼, 몇 가지 보여 드릴게요. 잠시만 기다리세요.

Pharmacist	Hello.
Tanaka	I came to buy medicine for a cold.
Pharmacist	Could you give me a prescription?
Tanaka	Here you are.
Pharmacist	Wait for a minute please. Here is the medicine. You take it three times a day after a meal.
Tanaka	All right thank you. Can't I buy any another medicine without a prescription?
Pharmacist	There are over-the-counter drugs. What do you need?
Tanaka	I'd like to buy some multiple vitamins.
Pharmacist	I'll show you several things. Wait a minute.

단어와 표현 Words and expression

처방전	prescription	종합비타민제	multiple vitamins
감기약	medicine for a cold		
식후	after a meal	• 약 나왔습니다.	Here is the medicine.
설명하다	explain	• 몇 가지	several things

약(물약, 가루약, 알약, 한약)을 먹어요.
Take/drink a liquid medicine (a powdered medicine, a pill, medical herb)

안약을 넣어요. Apply eye lotion.

밴드를 붙여요. Stick a band-aid.

파스를 붙여요/뿌려요. Apply patch/Spray.

붕대를 감아요. Apply a bandage.

연고를 발라요. Apply a plaster.

피로회복제를 먹어요.
Drink a fatigue relief drug.

처방전 없이도 살 수 있는 약들 an over-the-counter drug

❶소화가 안 돼요.	❷머리가 아파요.	❸상처가 났어요.	❹피곤해요.	❺힘이 없어요.
Indigestion	A headache	Get a wound	Be tired	Weaken

❶소화제digestive aid   ❷진통제a pain killing drug   ❸소독약a antiseptics
❹피로회복제a fatigue relief drug   ❺영양제a medicine for promoting nutrition

● 얼굴이 창백한데 좀 쉬는 게 어때요?
You look pale, how about taking a rest?

ⓦ 찬 음식을 먹었더니 배탈이 났나 봐요.
It seems that I have a stomachache
from having cold food.

● 이 약을 드시고 푹 주무시면
열이 내릴 겁니다.
After taking this drug and falling asleep,
the fever will have abated.

● 이 약을 드시면 좀 졸릴 수도 있어요.
This medicine could make you feel sleepy.

● 이 약은 커피와 같이 드시지 마세요.
Don't take this medicine with coffee.

● 식사하시기 전에 드세요.(공복에 드세요.)
Take it before a meal.
= Take it on an empty stomach.

● 약을 드신 후에 부작용이 생기면 빨리 오세요.
If you have any side effects after taking
a medicine, please come again.

● 안약은 하루 네 번, 한두 방울씩 넣으세요.
Please apply a couple of eye drops 4 times a day.

● 이 약은 반드시 냉장 보관하세요.
You must keep this medicine refrigerated.

● 여행할 땐 비상약을 준비하세요.
Please prepare the first-aid medicine
when you go travel.

감기약을 사러 왔는데요. I came to buy medicine for a cold.

김민수 씨는 회사에 | 갔
어머니는 집에 안 | 계시
오늘은 시간이 | 없 | 는데요.
그 영화는 벌써 | 끝났

약을 살 수 없나요? Can't I buy any another medicine?

지금 비행기 표가 | 있
수미 씨는 벌써 | 갔
김민수 씨는 내일도 출근해야 | 되 | 나요?
타나카 씨는 언제 | 오시

Tip **밥이 보약이다.**

● 밥이 보약이다. Nothing is better than a meal.

To have a meal at ordinary times is the best way for health.

33

제9장 가사

청소기는 내가 돌릴게.
I will do a vacuum cleaner.

타나카	오늘은 한가한데, 공원에 산책이나 나갈까?
아 내	산책도 좋지만, 청소 좀 해야겠어요.
	요즘 바빠서 청소를 안 했더니 집안이 엉망이에요.
타나카	그럼, 같이 하지 뭐. 청소기는 내가 돌릴게.
아 내	그것보다는 먼저 화장실 청소부터 좀 해 줘요.
타나카	알았어. 그럼 그 다음에는 뭐 하지?
아 내	그 쪽에 있는 종이하고 신문지를 묶어서 밖에 내놓아 줘요.

• •

타나카	휴우~~, 드디어 끝났군. 아이구, 힘들어 죽겠네.
아 내	청소를 하고 나니까 새집이 된 것 같아요.

Tanaka	I'm free today, How about going out for a walk at a park?
wife	It sounds good but I should clean up a house. I've been so busy, I've not cleaned these days. It is messy in the house.
Tanaka	Let's do it together. I'll vacuum.
wife	No, could you clean up the bathroom first?
Tanaka	Got it. What do I do next?
wife	Please tie papers and newspapers over there and put them outside.
Tanaka	Whoosh. We finished at last. I'm dying from tirdness.
wife	After the cleaning, it looks a new house.

단어와 표현 Words and expression

한가하다	free	내놓다	put out	• 집안이 엉망이에요
청소	clean up	드디어	at last	It is messy in the house.
먼저	first	끝나다	finish	• 청소기를 돌리다 vacuum.
묶다	tie	새집	new house	

청소기를 돌려요.
Vacuum.

청소기
Vacuum cleaner

비로 쓸어요.
Sweep with a broom.

비
Broom

쓰레기통을 비워요.
Empty a garbage can.

쓰레기통
Garbage can

걸레로 닦아요.
Wipe with a duster.

걸레
Duster

※ **분리배출** Seperate garbage collection

재활용품 Recycle things

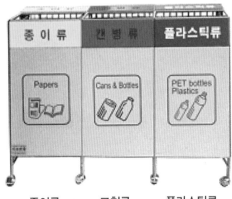

종이류	**고철류**	**플라스틱류**	**음식물 쓰레기**
papers	scrap iron	plastic goods	food garbage

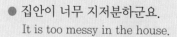

● 집안이 너무 지저분하군요.
  It is too messy in the house.

❀ 바닥에 있는 것들을 정리합시다.
  Let's get things on the floor organized.

● 청소로봇이 있어서 편해요.
  It is convenient with a cleaning robot.

❀ 물걸레질을 하니까 방이 훨씬 깨끗해요.
  The room is much cleaner to wipe
  with a wet duster.

● 자주 환기를 시켜야 해요.
  You should let some fresh air in frequently.

❀ 베란다 물청소는 비 오는 날에 하면 좋아요.
  It is good to do water cleaning the veranda
  on rainy days.

● 쓰레기는 종량제 봉투에 담아서 버려야 해요.
  You should throw away trash putting
  in the standard plastic garbage bag.

❀ 재활용 쓰레기는 분리해서 버리세요.
  You should separate recycle waste.

● 유리창은 젖은 신문지로 닦아 보세요.
  You should separate recycle waste.

❀ 청소는 아무리 열심히 해도 표가 나지 않는 것
  같아요.
  Even though hard work for cleaning,
  it doesn't show.

공원에 산책이나 나갈까?
How about going out for a walk at a park?

밥		먹을까?
신문	(이)나	읽을까?
영화		볼까?
음악		들을까?

아이구, 힘들어 죽겠네.
Oh my, I'm dying from this pain.

배고파	
재미있어	죽겠네.
보고 싶어	
미안해	

Tip 동물 소리

● 동물 소리: Sound of animals

쥐 Mouse
찍찍
peep

고양이 Cat
야옹
miaow

개 Dog
멍멍
bowwow

닭 Cock
꼬끼오
cock-a-
doodle-doo

소 Cow
음메
moo

돼지 Pig
꿀꿀
oink

오리 Duck
꽥꽥
quack quack

물빨래를 하서도 괜찮습니다.
It is fine to wash in water.

팜타이	오늘 맡기면 내일 입을 수 있을까요?
주 인	글쎄요. 내일 오후까지는 될 것 같아요.
팜타이	잘됐네요. 그런데 커피를 쏟아서 바지 앞쪽에 얼룩이 있어요.
주 인	오래된 얼룩이면 잘 안 빠질 수도 있어요.
팜타이	아니에요. 어제 저녁에 쏟았어요.
주 인	그렇다면 걱정하지 마세요. 그리고 손님, 이 옷은 댁에서
	물빨래 하셔도 괜찮습니다.
팜타이	아, 그렇군요.
주 인	네, 여기 세탁물 보관증 있습니다.

Pham Thai	Can I pick it up tomorrow if I leave it today?
owner	Well, I think it will be done by tomorrow afternoon.
Pham Thai	It's great. I spilt coffee, there is the stain in front of the pants.
owner	It could be hard to remove it if it is a longstanding stain.
Pham Thai	No. I spilt it last night.
owner	Don't worry then. And sir, it's fine to wash the clothes
	in water in your home.
Pham Thai	Oh, I see.
owner	Here is your claim check.

단어와 표현 Words and expression

물빨래	wash in water	오래되다	longstanding	• 오후까지는 될 것 같아요.
맡기다	leave/place	빠지다	remove	It will be done by afternoon.
쏟다	spill	댁	home	• 얼룩이 빠지다.
앞쪽	front	세탁물 보관증	claim check	Remove a stain.

세탁기를 돌려요.
Turn on a washing machine.

빨래를 삶아요.
Boil the laundry.

빨래를 널어요.
Hang out the laundry.

빨래를 개요.
Fold the laundry.

드라이클리닝해야 해요.
Be have to dry clean.

물빨래를 해요.
Wash the laundry in water.

다림질을 해요.
Press/Do the ironing.

※ 세탁 순서

전원 on/off	세탁 laundry	헹굼 rinse	탈수 spin-dry
전원	세탁	헹굼	탈수

● 옷감에 따라 세탁 방법이 다르니 주의하세요.
Please notice that the ways of washing are
different depends on texture.

❀ 세탁소에서 옷수선도 해 줘요.
It is possible to do alterations in a laundry.

❀ 정장 한 벌 드라이크리닝하는데 얼마예요?
How much is it to dry-clean a suit?

❀ 언제 찾으러 올까요?
When do I pick up?

● 세탁물 보관증을 꼭 가지고 있어야 해요.
You should keep a claim check.

❀ 세탁물 좀 배달해 주세요.
Please could you deliver the laundry?

● 다림질할 때는 온도를 잘 맞추세요.
Please set the proper temperature
when ironing.

● 이 옷은 옷걸이에 걸어서 말리세요.
Dry this clothe with hanging
on the clothes rack.

❀ 물빨래를 했더니 옷이 줄었어요.
Clothes shrank because I washed it
with water.

❀ 운동화를 빨아주는 곳도 있군요.
There is a specialized cleaning shop
for sneakers.

😊 물빨래 하셔도 괜찮습니다. It's fine to wash the clothes in water.

전화	해	
늦게	오셔	도 괜찮습니다.
많이	사셔	
지금	가셔	

😊 오래된 얼룩이면 잘 안 빠질 수도 있어요.
It could be hard to remove it if it is a longstanding stain.

오늘이	토요일		좋겠어요.
이	옷	(이)면	괜찮겠어요.
지금이	겨울		스키를 탈 텐데.
여기가	시장		더 쌀 거예요.

Tip 곰 세 마리

🎵 곰 세 마리 Three bears

곰 세 마리가 한 집에 있어
아빠곰 엄마곰 애기곰
아빠곰은 뚱뚱해, 엄마곰은 날씬해
애기곰은 너무 귀여워
으쓱으쓱 잘한다

There are three bears in a sweet home
Daddy bear Mommy bear Baby bear
Daddy bear is fatty, Mommy bear is skinny
Baby bear is so cute, Doing very well

갈비찜은 좀 싱거워.
Steamed short ribs taste flat a little.

타나카	오늘 저녁은 진수성찬이네. 갈비찜에 생선 구이에…….
아 내	어서 먹읍시다.
타나카	음, 오늘 김치찌개는 특별히 더 맛있는데…….
아 내	잘 익은 김치로 끓여서 그럴 거예요. 여기 콩나물무침도 맛 좀 보세요.
타나카	음, 맛있어. 그런데 이 갈비찜은 좀 싱겁네.
아 내	그래요? 간장을 좀 덜 넣었나 봐요.
타나카	그래도 먹을 만해. 당신 요리하느라고 고생했으니까 설거지는 내가 할게.
아 내	어머, 고마워요.

Tanaka	You served all sorts of delicacies for dinner. Steamed short ribs and baked fish..
wife	Please help yourself.
Tanaka	Wow, Today's Kimchiggigae is specially delicious.
wife	It cooked with well fermented kimchi. Try the flavor of seasoned bean sprouts.
Tanaka	Delicious! But this steamed short ribs taste flat a little.
wife	Really? I might put less soy sauce into it.
Tanaka	But it is good enough to eat. You had a hard time from cooking, so I'll wash the dishes.
wife	Oh, thank you.

단어와 표현 Words and expression

갈비찜	steamed short ribs	끓이다	boil	• 잘 익은 김치	
싱겁다	taste flat	콩나물무침	Seasoned bean sprouts	well fermented kimchi	
진수성찬	all sorts of delicacies	고생하다	suffer/do the hard work	• 맛을 보다.	
생선구이	baked fish	간장	soy sauce	try the flavor of taste.	
김치찌개	Kimchiggigae	설거지	dishwashing		
익다	ferment				

라면(미역국, 김치찌개)을 끓여요.

Cook instant noodles(seaweed soup, kimchiggigae).

계란을 삶아요.

Boiled eggs.

만두를 쪄요.

Steamed dumplings.

삼겹살을 구워요.

Roasted barbecued Korean bacon.

감자를 튀겨요.

Fried potatoes.

멸치를 볶아요.

Fried anchovie.

파전을 부쳐요.

Pan fried pancake with leeks.

나물을 무쳐요.

Seasoned greens.

● 비빔밥은 세계적으로 유명해요.
Bibimbab is a world famous dish.

❀ 비빔밥을 만들어 볼까요?
Shall we make Bibimbab?

❀ 어떤 재료를 준비해야 해요?
What ingredients do we prepare?

● 고기와 야채들을 채썰어서 준비하세요.
Please prepare chopped meat and sliced vegetables.

● 먼저 쌀을 씻어서 밥을 지으세요.
First of all, wash rice and boil it.

● 고기는 양념한 후에 볶아요.
Roast meat after seasoning it.

● 야채들을 양념해서 무치세요.
Season vegetables with spices.

● 그릇에 밥을 담은 후에 야채와 고기를 얹으세요.
Put rice in a bowl and add vegetables and meat.

● 고추장과 참기름을 넣고 비비세요.
Mix it with red pepper paste.

● 계란을 프라이해서 넣어도 좋아요.
It is good to put in sunny-side up.

그래도 먹을 만해. But, still it is good enough to eat.

	그 영화는	볼
그래도	이 책은	읽을
	그 음악은	들을
	이 옷은	입을

만해.

당신 요리하느라고 고생했어.
You had a hard time from cooking.

청소하		고생했어.
운전하	느라고	피곤했지요?
여행 준비하		바빴어.
통역하		힘들었어.

Tip 이열치열

● 이열치열: Fight fire with fire

People eat hot dishes to sweat out the heat in Summer,
so it makes their bodies healthier.

집을 옮겨야 할 것 같아요.
I think I need to move a house.

팜타이	김대리님, 저 이번에 집을 옮겨야 할 것 같아요.
김민수	왜요?
팜타이	기한이 다 되었는데, 집주인이 월세를 올려 달라고 해서요.
김민수	걱정되겠네요. 집은 알아 봤어요?
팜타이	오늘부터 퇴근 후에 알아보려고요.
김민수	부동산에 알아보는 것이 제일 빠를 거예요. 어떤 방을 찾는데요?
팜타이	무엇보다도 교통이 편리하면 좋겠어요.
김민수	그럼 지하철역 근처에서 찾아보세요.

Pham Thai	Mr. Kim, I think I need to move.
Kim Minsu	Why?
Pham Thai	My lease almost expires. The landlord asked for a raise for the monthly rent.
Kim Minsu	You must be nervous. Have you found a house?
Pham Thai	I'll look for it from today after work.
Kim Minsu	The fastest way to find it with a real estate agent. What kind of house are you looking for?
Pham Thai	Most importantly, I hope that transportations are convenient.
Kim Minsu	Well, find it near subway stations.

단어와 표현 Words and expression

옮기다	move	걱정되다	be nervous	• 기한이 다 되었는데,
집주인	landlord	부동산	real estate agent	The lease expired,
월세	monthly rent	제일	most importantly	• 집은 알아 봤어요?
올리다	raise	어떤	what kind	Have you found a house?

- 원룸
studio/one bedroom house

- 투룸
a two-room house

- 전세
contract to rent a house with deposit money

- 월세
monthly rent

- 하숙생 구함
want a student boarder

- 기숙사
dormitory

- 생활정보지
Gyocharo: which is the newspaper for all of information of buying, selling, jobs, and real estate etc.

00빌라 a small apartment

- 82.64㎡
- 방2개, 욕실1
2 rooms, bathroom
- 붙박이장 closet
- 보 2000   월 50
deposit money 2000, rent 50

원룸 one bedroom house

- 즉시 입주 가능
unoccupied
- 보증금 200, 월세 25
deposit money 200, rent 25
- 큰방, 넓은 주방
1 master bedroom, a spacious kitchen
- 베란다, 도시가스
balcony, gas

00아파트 apartment

- 122.31㎡
- 큰방1 작은방2 거실
1 master bedroom, 2 rooms, living room
- 주방 욕실2
kitchen, 2bathrooms
- 전세 1억 5천
liese 1.5 hundred thousand won

사무실 임대 office rent

- 49.5㎡(15평), 4층 전세·월세
49.5㎡, 4th floor, liese · rent
- 전세 3000만
liese 30million won
- 보증금 1000/20만
deposit money 1000/rent 20
- 월세 보증금 조절 가능함
rent deposit can be optional
- 4층 엘리베이터 있음
4th floor with elevator
- 관리비 없음
no utility free

● 월세방 좀 구할 수 있나요?
  Can I look for a house for rent?

❀ 요즘 이사철이라 방 구하기가 어려워요.
  It is hard to get a house because it is
  moving-season these days.

● 깨끗한 원룸이 있는데 지금 보시겠어요?
  There is a clean studio, would you take
  a look now?

● 그 집은 보증금이 얼마예요?
  What's the deposit?

● 수도요금, 전기요금같은
  공과금은 월세에 포함되나요?
  Does the rent include
  public utilities' charge like water
  or electricity bills?

❀ 공인중개사 사무실을 통해 계약하는 것이 안전해요.
  It is safe to contract with a real estate agent.

● 중개 수수료는 얼마예요?
  How much is realtor's commission?

❀ 이 계약서에 서명해 주세요.
  Please sign this contract.

❀ 이사는 이삿짐센터에 맡기는 것이 편하죠.
  It is handy to move with house-moving center.

❀ 이 집을 재계약하실 거예요?
  Will you extend the lease?

🧑 월세를 올려 달라고 해요.
The landlord asked for a raise for the monthly rent.

10시까지	와		했어요.
사무실로	갖다		하세요.
사진 좀	찍어	달라고	말해 보세요.
친구한테 좀	도와		부탁했어요.

🧑 무엇보다도 교통이 편리하면 좋겠어요.
Most importantly, I hope that the transportation will be convenient.

영화는	무엇		재미있어야 해요.
제 여자 친구는	누구		예뻐요.
제주도는	어디	보다도	아름다워요.
이번 휴가는	언제		즐거웠어요.

Tip 맞벌이

● 요즘은 맞벌이 부부가 많아요.

They are lots of couples working together for a living.

🔹 남편: "여보, 우리 오늘 같이 퇴근할까?"

"Honey, shall we go home together after work?

● 아내: "좋아요. 6시에 회사 앞으로 오세요."

"Good. See you at 6 o' clock in front of my office."

맞벌이 means that both husband and wife have a job.

토요일이 아내 생일이에요.
It is my wife's birthday on Saturday.

타나카	미영 씨, 이번 주말에 시간 있으세요?
이미영	네, 별일 없는데요. 무슨 일 있어요?
타나카	토요일이 아내 생일인데, 친구들을 초대해서 파티를 해주고 싶어서요.
이미영	아, 그래요? 재미있겠네요. 음식 만드는 걸 좀 도와 드릴까요?
타나카	괜찮아요. 그 날은 아내를 위해 제가 다 준비할 거예요.
이미영	와! 타나카 씨는 요리를 잘 하시나 봐요. 무슨 음식을 하실 건데요?
타나카	미역국도 끓이고, 불고기랑 잡채도 좀 하려고 해요.
이미영	전 벌써부터 토요일이 기다려지는데요.

Tanaka	Miyoung, are you free this weekend?
Miyoung	Yes. There's nothing particular to do. What's on your mind?
Tanaka	It's my wife's birthday on this Saturday, I'd like to give a party by inviting friends.
Miyoung	Oh do you? It sounds fun. May I help you by cooking some food?
Tanaka	It's okay. I'll cook everything for her.
Miyoung	Wow, you must be a good cook. What food would you like to serve?
Tanaka	I will make sea weed soup and Bulgogi, Jabchae as well.
Miyoung	I already expect to be Saturday.

단어와 표현 Words and expression

초대하다	invite	• 별일 없는데요.
파티	party	There is nothing particular to do.
괜찮다	be okay	• 미역국을 끓이다.
불고기	Bulgogi	cook seaweed soup.
잡채	Jabchae	
기다려지다	expect	

"태어난 지 백일째예요."
It is the 100th day
since the baby was born.

백일잔치
a party given to a hundred-day-old baby

"첫돌을 축하해요."
Congratulations
for the first birthday.

돌잔치
a birthday party for one year old baby

"회갑은 61번째 생일이에요."
Hwiegap is the 61th
birthday anniversary.

회갑잔치
61th birthday anniversary

"70세 생일을 칠순이라고 해요."
The 70th birthday anniversary
is called Chilsoon.

칠순잔치
70th birthday anniversary

"80세 생일을 팔순이라고 해요."
The 80th birthday anniversary
is called Palsoon.

팔순잔치
80thbirthday anniversary

돌잡이 a baby's selection of his preference from among several things which will show his future.

- 실 thread —— 오래 살 거예요. will live long.
- 돈 money —— 부자가 될 거예요. will be rich.
- 연필+공책 —— 공부를 잘 할 거예요.
  Pencil &book will be a smart student.
- 마우스 —— 컴퓨터를 잘 할 거예요.
  mouse will handle a computer very well.

돌상 a table laid in celebration of a baby's first birthday

● 생일(생신)을 축하합니다.
Happy birthday to you!

❀ 남편에게 생일 선물로 목걸이와 카드를 받았어요.
My husband gave me a necklace and a card for
my birthday present.

❀ 오늘은 제 귀 빠진 날이에요.
Today is my birthday.

● 미역국은 드셨어요?
Have you had seaweed soup?

● 케이크에는 나이 수만큼 초를 꽂아요.
We stick candles as the number of ages in a birthday
cake.

❀ 한국에서는 태어나자마자 한 살이에요.
A baby is one year old as soon as be born in Korea.

● 어린이들은 자기 생일을 손꼽아 기다리지요.
Children are anticipating their birthday.

❀ 요즘은 나이를 잊어 먹고 살아요.
I'm trying to forget my age these days.

● 생일 선물로 뭐가 좋을까요?
What would be good for the birthday present?

❀ 여자친구 생일이라 꽃과 케이크를 배달시켰어요.
I ordered flowers and cake delivered for my girlfriend's
birthday.

● 저는 닭띠고 동생은 쥐띠예요.
I was born in the year of rooster and my younger sister
was born in the year of mouse.

🧑 **친구들을 초대해서 파티를 해주고 싶어서요.**
I'd like to give a party by inviting friends.

백화점에	가		옷을 샀어요.
친구를	만나	서	커피를 마셨어요.
선물을	사		친구한테 줬어요.
사진을	찍어		인터넷에 올렸어요.

👨 **아내를 위해 제가 다 준비할 거예요.**
I'll cook everything for my wife.

부모님		선물을 샀어요.
오늘 회의	을/를 위해	일주일 동안 준비했어요.
아이들		큰 차로 바꿨어요.
사랑		한국에 왔어요.

Tip *Happy Birthday Song*

🎵 생일축하합니다

생일 축하합니다. 생일 축하합니다.
사랑하는 ★★★의 생일 축하합니다.

✳ Happy Birthday Song

Happy birthday to you,
happy birthday to you,
happy birthday dear ***,
happy birthday to you.

제10장 초대

38 집들이 선물입니다.
It is a gift for housewarming.

김민수	어서 들어오세요. 집 찾기가 어렵지 않았어요?
왕웨이	전에 와 본 적이 있어서 쉽게 찾았어요. 자, 이거 받으세요.
김민수	뭘 이런 걸 다 사 오셨어요.
왕웨이	집들이 선물입니다.
김민수	고맙습니다. 잘 쓸게요.
왕웨이	집 구경 좀 해도 될까요?
김민수	그럼요. 여기가 거실이고, 이쪽은 화장실, 안방, 공부방, 주방, 그리고 저쪽이 다용도실입니다.
왕웨이	다용도실이 있어서 좋군요. 이 가구는 사신 거예요?
김민수	아니에요. 붙박이에요.
왕웨이	집이 넓고 깨끗해서 부럽습니다.

Kim Minsu	Please come in. Did you have any trouble to find my place?
Wang Wei	I've been to here before, it is easy to find. Please take this.
Kim Minsu	You didn't have to bring anything.
Wang Wei	It is a gift for housewarming.
Kim Minsu	Thank you. It will be useful.
Wang Wei	Would you mind if I take a look around your home?
Kim Minsu	Sure you can. Here is the living room, this way is the bathroom, bedroom, study room, a kitchen, and that way is a multipurpose room.
Wang Wei	It is good for a multipurpose room. Did you purchase this furniture?
Kim Minsu	No. It is set-in.
Wang Wei	I envy your house. It's is so spacious and clean.

단어와 표현 Words and expression

집들이	housewarming party	다용도실	multipurpose room	• 뭘 이런 걸 다 사오셨어요.
거실	living room	가구	furniture	You didn't have to bring
안방	bed room	붙박이	set-in	anything.
공부방	study room	부럽다	envy	
주방	kitchen			

휴지
wastepaper

하시는 일마다 잘 풀리시기 바랍니다.
Hope your work goes well whatever you do.

세제
detergent

부자되세요.
Be rich like bubble up.

화분
flowers or
plants in a
pot

예쁘게 사세요.
Live happily like flowers.

초
candles

하시는 일 모두 잘 되세요.
Hope your work goes well whatever you do.

◈ 이런 선물도 있어요. Another gifts

| **액자** | **부부 찻잔** | **시계** | **전통 공예품** | **장식품** |
| picture frame | teacups for a couple | cuckoo clock | traditional a handicraft | decorations |

● 새집으로 이사하신 걸 축하드립니다.
Congratulations on your moving to a new house.

※ 바쁘신데 와 주셔서 감사합니다.
Thanks for coming.

● 집을 예쁘게 꾸며 놓으셨네요.
You decorated a lovely house.

※ 집이 오래돼서 리모델링을 했어요.
We remodeled the house because it is old.

※ 이사온 지 얼마 안 돼서
아직 어수선해요.
It is not long since we moved,
so that it is still mess.

● 정원이 참 아담하네요.
It is a very nice garden.

● 남향집이라 밝아서 좋군요.
This house has a southern aspect,
so it is bright.

● 주변에 편의시설이 많아서 편리하겠어요.
There are so many convenient facilities
in the neighborhood that it is convenient.

※ 집 앞에 공원이 있어서 산책하기 좋아요.
It is good to go for a walk, there is a park
near the house.

※ 차린 건 없지만 많이 드세요.
Help yourself even if I don't serve a lot.

집찾기가 어렵지 않았어요?
Did you have any trouble to find my place?

한국어	공부하		어때요?
비자	받	기가	어려웠어요?
이 핸드폰은	사용하		편리해요.
너무 매워서	먹		힘들어요.

전에 와 본 적이 있어서 쉽게 찾았어요.
I've been here before, it is easy to find.

눈이	커		예뻐요.
신발이	작아	서	불편해요.
선물을	받아		기뻐요.
잠을 못	자		피곤해요.

Tip "미역국을 먹었어요."

● "미역국을 먹었어요." I ate seaweed soup.
❋ 가: "오늘이 제 생일이에요." Today my birthday.
　나: "축하해요. 미역국은 드셨어요?"
　　Congratulations. Did you eat seaweed soup?

● 가: "시험에 합격했어요?" Did you pass the test?
　나: "아니요. 또 미역국 먹었어요."
　　No, I ate miyakguk, also.

It means you failed the test.

결혼을 축하합니다.
Congratulations on your wedding!

타나카	결혼을 축하합니다.
김민수	와 주셔서 고맙습니다.
타나카 아내	신부가 눈부시게 아름다웠어요.
이미영	신부를 보니까 저도 빨리 시집가고 싶어요.
탐타이	저도 장가가고 싶어집니다.
타나카	신혼여행은 어디로 가세요?
김민수	아내 고향으로 갑니다. 장인, 장모님이 못 오셔서요.
타나카	저도 그랬어요. 국제결혼은 힘들어요. 그런데 언제 떠나세요?
김민수	피로연 끝나고 저녁에 출발할 거예요.
타나카	행복하게 사세요.
김민수	네, 주례 선생님 말씀대로 아끼고 사랑하면서 살겠습니다.

Tanaka	Congratulations on your wedding.
Kim Minsu	Thanks for coming.
Tanaka	Your bride was gorgeous.
Miyoung	As seeing the bride, I wanted to marry soon.
Pham Thai	I'd like to marry as well.
Tanaka	Where are you going on your honeymoon?
Kim Minsu	We are going to my wife's hometown. Her family couldn't join here.
Tanaka	Me either. International marriage is difficult. Buy the way, when do you leave?
Kim Minsu	I'm going to leave after the wedding reception.
Tanaka	I wish you happiness.
Kim Minsu	Thanks. We will love and cherish much of each other as the officiator's says.

단어와 표현 Words and expression

신부	bride	떠나다	leave
시집가다	marry(woman use)	피로연	wedding reception
장가가다	marry(man use)	주례	an officiation who is in charge of ceremony
장인	father in law, who is to bride	아끼다	cherish
장모	mother in law, who is to bride		
국제결혼	international marriage	• 눈부시게 아름다워요. It is gorgeous.

1. 약혼식
engagement

◈ 한복의 부분별 명칭
each names of Traditional
Korean clothes

2. 청첩장 돌리기
sending invitation
cards

저고리

고름

치마

버선

3. 결혼식
wedding

4. 폐백
to make a deep
bow to
bridegroom's
family

마고자

5. 피로연
wedding reception

대님

바지

6. 신혼여행
honeymoon

● 우리는 첫눈에 반했어요.
We loved at first sight.

● 제가 먼저 데이트 신청을 했어요.
I asked for a date first.

● 우리 약혼했어요.
We got engaged.

● 오늘이 함 들어오는 날이에요.
It is the day that the box
containing wedding presents
of a bridegroom to bride is coming.

✽ 아들딸 많이 낳고 잘 사세요.
Be happy forever with
having many sons and daughters.

✽ 국수 언제 먹여 줄 거예요?
When will you make me
have noodles?

✽ 요즘은 중매결혼보다 연애결혼을
많이 해요.
These days, dating marriages
are more than arranged marriages.

✽ 아기 백일 선물로 반지를 했어요.
We bought a ring for a 100th day present for a baby.

✽ 두 사람 이혼했대요.
They said the couple divorced.

● 저는 재혼한 후에 더 행복해졌어요.
I'm much happier after I remarried.

저도 장가가고 싶어집니다. I'd like to marry as well.

날씨가 좀	추워	
몸이 많이	약해	졌어요.
친구가 정말	예뻐	
다이어트를 해서	날씬해	

선생님 말씀대로 아끼고 사랑하면서 살겠습니다.
We will love and cherish much of each other as the officiator's says.

지난 번	약속		내일까지 오세요.
제	마음	대로	하겠어요.
도착하는	순서		앉으세요.
오후에	일기예보		비가 왔어요.

Tip 검은 머리 파뿌리 되도록 살다.

● 검은 머리 파뿌리 되도록 살다.

To live as long as black hairs change to gray.

Marriage couple live long until they are getting old.

The white color of the root of a green onion is used since it is same color as a person's grey hair

못 가서 정말 죄송해요.
Sorry I couldn' t be there.

팜타이   김민수 씨, 집들이에 못 가서 정말 죄송해요.

김민수   무슨 일이 있으셨어요?

팜타이   친구가 온다고 연락이 와서 급히 공항에 가느라고 전화도 못 했어요.

김민수   그랬군요. 아무 연락이 없어서 걱정했어요.

팜타이   미안해요. 그런데 집들이는 잘 하셨어요?

김민수   네, 사무실 동료들이 모두 와서 아주 재미있었어요.

팜타이   저도 꼭 가고 싶었는데 정말 아쉬워요.

김민수   언제든지 놀러 오세요. 제 아내는 손님이 오는 걸 아주 좋아해요.

Pham Thai   Minsu, I'm sorry I couldn't attend your housewarming party.

Kim Minsu   Did you have any problems?

Pham Thai   I couldn't call you because I had to go to the airport urgently, my friend contacted to visit.

Kim Minsu   Oh I see. I worried that you didn't contact me at all.

Pham Thai   Sorry. Buy the way did you have a good housewarming party?

Kim Minsu   Yes. It was really fun all together with coworkers.

Pham Thai   I feel sorry for missing that.

Kim Minsu   We welcome you anytime. My wife really likes inviting guests.

단어와 표현 Words and expression

죄송하다	sorry	동료	coworker	• 무슨 일이 있으셨어요?
급히	rapidly	아쉽다	feel sorry	Did you have any problems?
공항	airport	언제든지	anytime	• 연락이 없어서
걱정하다	worry			not to have one' s contact
사무실	office			

안방 ——— 침대bed 장롱closet 커튼curtain 화장대dressing table 거울mirror
bedroom

화장실 ——— 욕조bathtub 변기toilet 세면대washing stand 수건towel
bathroom

공부방 ——— 책상desk 책장bookcase 의자chair 책꽂이bookshelf 컴퓨터computer
study room

거실 ——— 거실장drawer in the living room 텔레비전television
living room 에어컨air conditioner 소파sofa

주방 ——— 싱크대sink 식탁table 냉장고refrigerator
kitchen

안방

주방

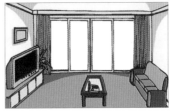

거실

공부방

화장실

● 늦어서 미안합니다.
Sorry for being late.

※ 저도 방금 왔는데요.
I just arrived as well.

● 먼저 가서 미안합니다.
Please excuse me for leaving early.

※ 그러세요. 저희도 곧 갈 거예요.
Go ahead. We will leave soon.

● 불편을 끼쳐 드려서 죄송합니다.
I'm sorry for the inconvenience.

※ 괜찮아요. 신경 쓰지 마세요.
It is fine. Never mind.

● 미리 준비를 못 해서 죄송합니다.
Sorry for not preparing beforehand.

※ 그럴 수도 있지요. 괜찮아요.
Well, things happen. It is fine.

● 이렇게 하시면 안 됩니다.
You should not do like this.

※ 다음부터 조심하겠습니다.
I'll be more careful from now on.

언제든지 놀러 오세요.
We welcome you any time.(anywhere/anyone/anything)

누구		들어갈 수 있어요.
어디	든지	갑시다.
뭐		먹고 합시다.
얼마		써도 좋아요.

손님이 오는 걸 아주 좋아해요.
We like guests visiting very much.

케이크	만드		배웠어요.
저는	요리하	는 걸	좋아해요.
노래	부르		들었어요.
사진	찍		좋아하지 않아요.

Tip 웃는 얼굴에 침 못 뱉는다.

● 웃는 얼굴에 침 못 뱉는다. You cannot spit in a smiling face.

One cannot get angry at the person who apologizes smiling.

나랑 같이 제주도 여행 갈래요?
Would you like to go to Jeju Island with me?

왕웨이	팜타이 씨, 이번 추석 연휴에 뭐 할 거예요?
팜타이	아직 특별한 계획은 없어요.
왕웨이	그럼 나랑 같이 제주도 여행 갈래요?
팜타이	글쎄요. 여행경비가 꽤 들 텐데요.
왕웨이	걱정하지 마세요. 내가 잘 아는 사람이 제주도에서 팬션을 하는데 숙박비를 싸게 해준대요.
팜타이	정말 좋은 기회네요.
왕웨이	한 2박 3일 정도 쉬었다 옵시다.
팜타이	좋아요. 한라산에 꼭 한번 가보고 싶었는데, 잘 됐어요. 맛있는 것도 먹고, 바다 구경도 하고…….
왕웨이	그럼, 내가 오늘 비행기표 예약할게요. 명절이라 서둘러야 돼요.

Wang Wei	Pham Thai, what will you do in Chuseok holidays?
Pham Thai	There isn't a special plan.
Wang Wei	Then would you like to go to Jeju Island with me?
Pham Thai	Well, traveling expense will probably cost quite much.
Wang Wei	Don't worry about that. One of my friends runs a pension in Jeju Island, he can offer a room with a low price.
Pham Thai	It is a good opportunity.
Wang Wei	Let's take a rest around 2 nights 3days.
Pham Thai	Sounds good. I would love to climb Halla Mountain someday. Let's have delicious food, and enjoy seeing the sea.
Wang Wei	Okay, I will reserve the flight tickets. We should be in a hurry due to holidays.

단어와 표현 Words and expression

추석	Chuseok, which is the harvest festival on the 15th of August by the lunar calendar				
연휴	holidays				
계획	plan	기회	opportunity	• 팬션을 (운영)하다.	
경비	expense	구경	seeing	run a pension.	
팬션	pension	명절	festival days	• 2박 3일	
숙박비	room rate	서두르다	be in a hurry	2nights and 3days	

"대한독립만세!"
We'd like to become independent.

삼일절(3월 1일)
Independence Movement Day
on the 1st of March

"추모합시다."
Let's cherish the memory
of sacrificed people.

현충일(6월 6일)
Memorial day on the 6th of June

"독립했어요."
We achieved
independece.

광복절(8월 15일)
Independence Day
on the 15th of August

"한국의 생일이에요"
It's the birthday of korea.

개천절(10월 3일)
National Foundation day
on the 3rd of October

"한글을 만들었어요"
Hangeul was created.

한글날(10월 9일)
Hangeul was created

설날(음력 1월 1일)
New Year's day
on the 1st of January
by the lunar calendar

석가탄신일(음력 4월 8일)
The Buddha's birthday
on the 8thof April
by the lunar calendar

어린이날(5월 5일)
Children's day
on the 5th of May

추석(음력 8월 15일)
The harvest festival
on the 15th of August
by the lunar calendar

성탄절(12월 25일)
Christmas on the 25th
of December

● 이번 여름휴가에 유럽으로 배낭여행을
다녀옵시다.
Let's go backpacking around Europe
for this Summer vacation.

✿ 패키지여행이 편할 것 같아요.
The package tour product seems
to be convenient.

● 가이드에게 관광안내를 부탁할까요?
Can we ask a tour guide to show
us around?

✿ 자유여행으로 갑시다.
Let's go on a trip by free style.

● 고등학교 때 제주도로 수학여행을
다녀왔어요.
I went on a school excursion
to Jeju Island in high school.

✿ 경주는 제가 신혼여행을 갔던 곳이에요.
It was Kyoungju that I went on
a honeymoon.

● 공항에서 렌트카를 빌려서 관광했어요.
I rented a car at the airport and
saw the sights.

✿ 저는 서울 씨티투어(city tour)를 한번 하고 싶어요.
I'd like to tour in Seoul city some day.

● 한강에서 유람선을 타고 야경을 봅시다.
Let's take a ferry in Han river and enjoy a night view.

✿ 여행 일정이 너무 바쁜 것 같아요.
Trip trip schedule looks so tight.

여행경비가 꽤 들 텐데요.
Traveling expense will probably cost quite much.

내일은 비가 많이	올	
음식 값이 제법	비쌀	
시간이 오래	걸릴	텐데요.
이쪽 길이 훨씬	빠를	

꼭 한번 가 보고 싶었는데, 잘 됐어요.
I would like to go there someday, it's great.

	먹어		정말 맛있네요.
	만들어		아주 재미있네요.
꼭 한번	만나	보고 싶었는데	정말 반가워요.
	와		역시 아름답군요.

Tip **여행을 떠나요.**

🎵 여행을 떠나요. Let's go on a journey.

푸른 언덕에 배낭을 메고, 황금빛 태양 축제를 여는,
광야를 향해서 계곡을 향해서.
먼동이 트는 이른 아침에 도시의 소음,
수많은 사람 빌딩 숲속을 벗어나 봐요.
메아리 소리가 들려오는 계곡 속의 흐르는 물 찾아
그곳으로 여행을 떠나요.(반복)
굽이 또 굽이 깊은 산중에 시원한 바람 나를 반기네,
하늘을 보며 노래 부르세.
메아리 소리가 들려오는 계곡 속의 흐르는 물 찾아
그곳으로 여행을 떠나요.

방을 예약하려고 하는데요.
I'd like to reserve a room.

직원	감사합니다. 설악호텔입니다.
에바	안녕하세요. 방을 예약하려고 하는데요.
직원	네, 날짜가 언제입니까?
에바	7월 29일부터 8월 2일까지인데요.
직원	몇 분이십니까?
에바	둘입니다. 방은 하나면 되고요. 트윈 침대방으로 해 주세요.
직원	네, 그런데 그때는 휴가철이라서 성수기 요금이 적용됩니다.
에바	알겠어요. 그 대신 전망이 좋은 방으로 해 주세요.
직원	네, 바다가 보이는 방으로 예약해 드리겠습니다.
	그럼, 손님 성함과 연락처를 말씀해 주시겠습니까?

worker	Thank you. This is Seolak hotel.
Eva	Hello. I'd like to reserve a room.
worker	Certainly. For what dates?
Eva	From July 29th to August 2nd.
worker	How many people?
Eva	Two. One room is fine, please a room with two beds.
worker	Yes. Peak season rate will be applied due to holidays at that time.
Eva	Okay. Please give me a room with a nice view instead.
worker	Okay. I'll hold a room with a sea view. Could you let me know your name and phone number please?

단어와 표현 Words and expression

호텔	hotel	성수기	peak season	• 요금이 적용됩니다.
기간	period	대신	instead	An fare is applied.
트윈 침대방	two beded room	성함	name	• 연락처를 말씀해 주시겠습니까?
휴가철	holidays	연락처	phone number	Could you tell me the contact number?

● 국립공원 National park

● 산 Mountain

● 사찰 Buddhist temple

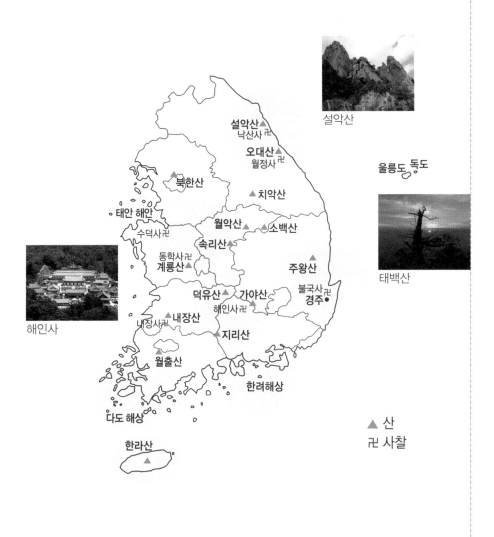

설악산

울릉도 동도

태백산

해인사

▲ 산
卍 사찰

북한산

태안 해안

수덕사卍

설악산
낙산사卍

오대산
월정사卍

치악산

월악산
속리산
동학사卍
계룡산

소백산

주왕산

덕유산 가야산
해인사卍
내장사卍 내장산
지리산

불국사卍
경주

월출산

한려해상

다도 해상

한라산

● 갈만한 곳 좀 추천해 주세요.
Please recommend some places to visit.

❀ 콘도에서 잘 거니까 먹을거리만 준비해 갑시다.
We are staying at Condo, so let's prepare
just something to eat.

❀ 창문을 열면 바다가 보이는 팬션이에요.
It is a sea view pension when opening the windows.

❀ 저희 호텔에는 지금 방이 없는데 민박을 구해 보시지요.
There is no available room in our hotel,
what about trying to get a boarding house?

❀ 서비스요금은 숙박비에 포함됩니다.
The rates include service charge.

❀ 비수기에는 좀 더 쌉니다.
It is cheaper during an off-season.

❀ 휴가철에는 바가지요금을 조심해야 돼요.
You should be careful for paying exorbitantly
during holidays.

● 야영장에서 텐트를 치고 1박하는 건 어때요?
How about sleeping one night at a tent
in the camp ground?

● 비상약은 챙겼나요?
Did you bring first-aid medicine?

● 취사도구는 제가 준비할게요.
I'll prepare cooking utensils.

트윈 침대방으로 해 주세요. Please, a room with two beds.

저는	자장면	
여기는	3인분	
우리는	2인실	(으)로 해 주세요.
좀 더	큰 것	

그 대신 전망이 좋은 방으로 해 주세요.
Please give me a room with a nice view instead.

이것보다	작은	가방	을 가지고 오세요.
가장	맛있는	음식	이 뭐예요?
나는	따뜻한	차	로 할래요.
저는 키가	큰	남자	를 좋아해요.

Tip   바가지를 쓰다.

● 바가지를 쓰다. Wear a gourd.

Be overcharged.

이 조그만 섬이 마라도예요.
This small island is Mara Island.

왕웨이	자, 이 조그만 섬이 마라도예요.
팜타이	정말 작은데요. 걸어서도 금방 다 볼 수 있겠어요.
왕웨이	저쪽에서 자전거도 빌려준대요.
탐타이	그래요? 그런데 이 작은 섬이 왜 그렇게 유명한 거죠?
왕웨이	한국에서 가장 남쪽에 있는 섬이라서 그래요. 아름답기도 하고요.
탐타이	정말 그림같이 아름다운 곳이네요. 섬 전체가 잔디밭 같아요.
왕웨이	저기 보이는 등대도 참 예쁘죠? 작은 섬이지만 학교도 있고, 음식점, 사찰, 초콜렛 박물관도 있어요.
탐타이	난 천천히 산책 좀 하고 싶어요. 사진도 찍고요.
왕웨이	그러세요. 그럼 배 타는 곳에서 다시 만납시다.

Wang Wei	Now, this small island is Mara Island.
Pham Thai	It's so small that we can look around shortly on foot.
Wang Wei	We can rent bicycles over there.
Pham Thai	Can we? Buy the way, what makes this small Island become well known?
Wang Wei	Because it is the Island located in the most Southern. And it is beautiful as well.
Pham Thai	It is a picturesque place. The whole Island looks like a lawn.
Wang Wei	Isn't that light house lovely? There are a school, temples, restaurants, a chocolate museum, even though it is a small Island.
Pham Thai	I'd like to go for a walk slowly and take some photos.
Wang Wei	Sure. Let's meet at the place to board the ship later then.

단어와 표현 Words and expression

조그만	small	잔디밭	grass	• 그림같이 아름다운 곳
섬	Island	등대	light house	a picturesque place
금방	shortly	사찰	temple	• 배 타는 곳
가장	most	박물관	museum	the place to board the ship
남쪽	southern	천천히	slowly	
전체	whole	산책	go for a walk	

- 해수욕장 Beach
- 온천 hot spring
- 스키장 ski resort

용평 스키장

울릉도

울릉도 독도

해운대 해수욕장

- 해수욕장
- 온천
- 스키장

속초
경포
진부령
정동진
용평
평창
백령도
강화도
간월도
꽃지
안면도
백암
온양
유성
수안보
구룡포
대천
감포
무주
선유도
부곡
해운대
거제도
진도
완도
보길도
거문도
제주도
중문 마라도

● 해수욕장에 가니까 수영복과 선글라스를 꼭 챙기세요.
Please bring your bathing suit and sunglasses
since we go to beach.

※ 백사장에서 모래찜질을 해보세요.
Try to have a hot sand bath on the white sands.

● 여기에서 기념사진을 찍읍시다.
Let's take a commemorative photo here.

※ 기념품 좀 사고 싶어요.
I'll buy some souvenirs.

● 공공장소에서는 예의를 지킵시다.
Please observe good manners in public places.

※ 여행 후유증 때문에 오늘은 일하기가 힘드네요.
It is hard to work today due to the trip aftermath.

● 휴가를 다녀왔더니 일이 산더미처럼 쌓였어요.
There are lots of things to do after I came back from
the vacation.

※ 시차 적응이 안 돼서 피곤하군요.
I'm tired due to jet leg.

● 이번 휴가에는 알뜰여행을 했더니 휴가비가 남았어요.
I spent money economically during this vacation,
so I saved some money.

※ 도보로 전국을 일주했어요.
I traveled around the whole country on foot.

걸어서도 금방 다 볼 수 있겠어요.
We can even look around to see everywhere.

만두는	만들어		먹을 수 있어요.
한복은	빌려	서도	입을 수 있어요.
여행은	늘어		할 수 있어요.
휠체어에	앉아		농구할 수 있어요.

한국에서 가장 남쪽에 있는 섬이라서 그래요.
Because, it is the island located in the most southern in Korea.

기분이 좋은 건	퇴근 시간	
졸리는 건	오후	(이)라서 그래요.
매일 비가 오는 건	장마철	
길이 막히죠?	추석	

Tip 꿩 먹고 알 먹고.

● 꿩 먹고 알 먹고. To eat the pheasant and its eggs as well.

It means that to you can have several benefits by doing one thing.

지난 주에 경주에 다녀왔어요.
I' ve been to Gyeongju last week.

타나카　팜타이 씨, 경주에 가 본 적이 있어요?
팜타이　아니요, 이야기만 들었어요. 그런데 '천 년의 도시'가 무슨 말이에요?
타나카　아마 천 년 동안 큰 도시였다는 뜻일 거예요.
팜타이　타나카 씨는 어떻게 그렇게 잘 알아요?
타나카　지난주에 경주에 다녀왔어요. 거기서 불국사, 첨성대, 석굴암, 다보탑,
　　　　석가탑 등 여러 가지를 보았어요.
팜타이　왕의 무덤들도 보았어요?
타나카　그럼요, 자전거로 경주 시내를 구경했는데 아주 재미있었어요.
　　　　경주는 유적지와 현대식 건물들이 조화를 이룬 도시더군요.
팜타이　저도 정말 가 보고 싶군요.

Tanaka	Pham Thai, have you ever been to Gyeongju before?
Pham Thai	No. I' ve just heard about that. What does 'millinery city' mean?
Tanaka	It probably means that it is a big city for a thousand years.
Pham Thai	How did you know it very well?
Tanaka	I' ve been to Gyeongju last week. I' ve seen Bulguksa temple, Cheomseongdae observatory, Seokgulam Grotto, the dabotop pagoda, and the seokgatop pagoda etc.
Pham Thai	Did you see the royal tombs for kings?
Tanaka	Of course. It was fun I looked around Gyeongju by bicycle. Gyeonju The city that seems to be harmony with historic sites and modern buildings.
Pham Thai	I would really love to go.

단어와 표현 Words and expression

도시	city	건물	building	• 어떻게 그렇게 잘 알아요?
무덤	tomb	조화	harmony	How did you know it very well?
유적지	historic sites			• 조화를 이루다.
현대식	modern			Be harmony with.

강화도(첨성단)
수원화성
남한산성
북한산성
행주산성
이천(가마)

남대문
동대문
경복궁
창덕궁
종묘

단양(구인사,
고수동굴,
온달산성)
충주(충열사)

고창(고인돌 유적)
선운사
익산(미륵사지석탑)

영암(왕인 박사 유적지)
해남(대흥사,
우항리공룡화석지,
강진(다산초당, 청자가마)
완도(청해진 유적지,
선사시대 유적지)

함경북도
청진

해산
양강도

강계
자강도

함경남도

신의주
평안북도
함흥

평안남도

평양
황해북도
강원도
휴전선

사리원

낙산사
영월(단종 유적지)
강릉(오죽헌)
설악산(백담사)

남대문
동대문
황해남도
개성
경기도
춘천

해주
강원도
강릉

서울
인천

독도
울릉도

원주

부여(낙화암,
고란사)
공주(무령왕릉,
공산성)
천안(독립 기념관)

충청북도

충청남도
청주
안동

대천
대전
경상북도

대구
경주

경주(불국사, 첨성대,
석굴암, 다보탑, 석가탑,
포석정, 안압지)
안동(하회마을)
문경(문경새재)

광주
전주
전라북도

경상남도

울산

해인사
양산(통도사)
하동(쌍계사)
통영(이순신 유적지)

광주
전라남도

남 해

제주도

한라산
성산일출봉
중문관광단지
만장굴
표선
협재

- 유명한 유적지에는 통역을 해 주는 문화해설사가
  있어요.
  There are guides who explain cultural history
  also interpret in famous historic sites.

- 왕의 무덤을 왕릉이라고 하지요.
  We say Wanglung for the royal tomb for king.

- 왕릉 안에서 많은 보물이 발견되었어요.
  There were lots of treasures founded
  in the royal tombs.

- 박물관에는 귀중한 유물이 많이 있어요.
  There are lots of precious relics in the museum.

- 한국은 옛날부터 인쇄술이 발달했어요.
  The art of printing in Korea has been advanced
  since early times.

- 삼국 시대에는 고구려와 백제와 신라가 있었어요.
  There had been Goguryeo, Bakjae, and Silla
  in the period of three states in old Korea.

- 안동 하회마을의 탈춤은 정말 유명해요.
  The mask dance of Hahoe village in Andong is
  very famous.

- 사물놀이는 신나는 한국 음악입니다.
  Samulnori is Korean fun music.
  (※Samulnori is a folk music accompanied
  by four percussion instruments.)

- 판소리는 한국의 오페라라고 할 수 있어요.
  Pansori is an opera of Korea.
  (※Pansori is a traditional Korean narrative song.)

- 대한민국 국보 1호는 숭례문(남대문)입니다.
  Sungnyemun(South gate of Seoul) is
  the National Treasure 1 of Korea.

경주에 가 본 적이 있어요? Have you ever been to Gyeongju before?

요리책을	사	
한국 노래를	불러	본 적이 있어요?
삼계탕을	먹어	
혼자서 여행을	해	

천 년 동안 큰 도시였다는 뜻일 거예요.
It probably means that it is a big city for a thousand years.

그 사람이 당신을	사랑한	
그 말은 문제가	쉽	다는 뜻일 거예요.
그것은 에바 씨가	좋	
그 웃음은 여행이	즐거웠	

Tip 한국에서 가장 많은 성씨와 이름

● 한국에서 가장 많은 성씨와 이름
(2005년도 출생자 기준)
The most common family names
and given in Korea
(on the basis of the birth year in 2005)

◆ 성씨 Family name for Korean
김씨Kim → 이씨Lee → 박씨Park

◆ 이름 Name
남자Men: 민준Minjun → 현우Hyeonu → 동현Donghyeon
여자Women : 서연Seyeon→ 민서Minseo → 서현Sehyeon

■ 가장 즐겨쓰는 아이 이름
(신생아 출생신고 기준)

남자		여자
1 정훈		**1** 미영
2 성호		**2** 은정
3 성훈	1975년	**3** 은주
1 민준	2006년	**1** 서연
2 민재		**2** 민서
3 지훈		**3** 수빈

자료:대법원

아르바이트를 하고 싶어요.
I'd like to get a part-time job.

사장	어떻게 오셨어요?
에바	아르바이트를 구한다는 광고를 보고 왔는데요.
사장	그래요? 우리 회사에서는 오후 6시부터 9시까지 일할 수 있는 사람을 찾고 있어요.
에바	네, 저는 학생이기 때문에 저녁에 일하는 게 더 좋아요.
사장	한국말을 잘 하는군요. 이름이 어떻게 됩니까?
에바	에바 스와튼이라고 합니다.
사장	무거운 상자를 많이 들어야 하는데 할 수 있겠어요?
에바	고향에서 집안일을 많이 도와서 잘 할 수 있어요.
사장	좋아요. 그럼 한번 해 보세요.
에바	그런데, 보수는 어떻게 되지요?
사장	시급으로 계산해서 드립니다.

owner	What brings you here?
Eva	I saw an advertisement to hire a part-time worker.
owner	Did you? We are looking for someone who can work from 6:00PM to 9:00PM.
Eva	I had better work in the evening, because I'm a student.
owner	You speak Korean well. What's your name?
Eva	Please call me Eva Swatton.
owner	You should be able to carry heavy boxes, can you do that?
Eva	Sure I can, I helped housework a lot in my hometown.
owner	Great. Then try work.
Eva	Buy the way, what's the salary?
owner	We pay you hourly.

단어와 표현 Words and expression

광고	advertisement	보수	salary	• 아르바이트를 구하다
상자	box	시급	hourly pay	get a part time job.
들다	carry	계산하다	count	
집안일	housework			

사무직
office job

프로그래머
programmer

연구원
Research

회계 · 경리
Accounting/Financing

통역
Transportation

운전기사
Driver

물류재고관리
Procurement

서비스업
Service job

외국어강사
Teacher for foreign language

이럴 땐 이렇게 말해요. Say it this way

- 요즘 최저임금이 얼마예요?
  What is the minimum wage these days?
- ✱ 예전에는 월급제였지만 요즘은 대개 연봉제입니다.
  It used to be a monthly pay system, but these days it is almost an annual pay system.

- ✱ 아르바이트는 시급이나 일급으로 계산하는 경우가 많아요.
  There are many cases to be paid hourly or daily for a part-time worker.
- 경기가 좋지 않아서 일자리를 구하기가 어려워요.
  It is hard to get a job because business is dull.
- 아르바이트를 시작할 때는 계약서를 잘 읽어봐야 해요.
  You should read a contract carefully when you get a part time job.

- 대학 때 인턴사원으로 일한 적이 있어요.
  I did an internship when I was in university.
- 고향에 가고 싶어서 해외 파견 근무를 신청했어요.
  I applied for a position working abroad because I would like to go to my country.

- ✱ 저는 프리랜서라서 시간이 자유로워요.
  I can handle the time because I'm a free lancer.
- ✱ 제 친구는 재택근무를 하고 있어요.
  My friend works at home.
- ✱ 하루에 2시간씩 파트타임으로 일해요.
  I'm working 2 hours a day as a part time job.

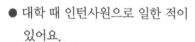

6시부터 9시까지 일할 수 있는 사람을 찾고 있어요.
We are looking for someone who is able to work from 6:00 to 9:00.

저랑 같이	갈		이 있으면 좋겠어요.
이 일을	해결할		이 누구일까요?
이 요리를	만들	수 있는 사람	은 김민수 씨예요.
저 선수를	이길		은 없어요.

실례지만, 이름이 어떻게 됩니까?
Excuse me, What is your name?

실례지만,	주소가	어떻게 됩니까?
	생일이	
	전화번호가	
	나이가	

Tip 젊어서 고생은 사서도 한다.

● 젊어서 고생은 사서도 한다.

One can even buy the suffering-experience in youth.

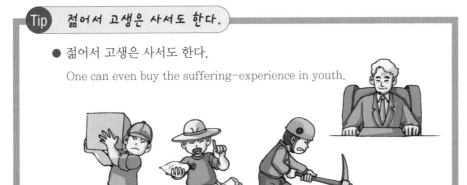

It is really worthy to have lots of experience in youth.

46 한국에서 취업하려고 해요.
I want to get a job in Korea.

팜타이	왕웨이 씨, 졸업하면 중국에 돌아갈 거예요?
왕웨이	아니요, 한국에서 취업하려고 해요.
팜타이	어떤 회사에 가고 싶어요?
왕웨이	월급보다는 개인 시간이 많은 회사가 좋을 것 같아요.
팜타이	좀 알아봤어요?
왕웨이	무역회사 몇 군데 알아봤는데 쉽지 않아요.
팜타이	인터넷에 외국인을 위한 취업 안내 사이트가 있으니까 한번 찾아보세요.
왕웨이	아, 그런 사이트가 있었어요? 한번 들어가 봐야겠네요.
팜타이	이력서와 자기소개서도 미리 준비해 두세요.

Pham Thai	Wang Wei, will you go back to China after graduation?
Wang Wei	No, I want to get a job in Korea.
Pham Thai	What kind of company would you like to go?
Wang Wei	I prefer to have one's own time rather than give attractive salary.
Pham Thai	Did you look for some?
Wang Wei	I did several places in trade companies, but it is not easy.
Pham Thai	Try to look for sites which give foreigners the information for jobs on the Internet.
Wang Wei	Oh, are there some sites? I should try to log on someday.
Pham Thai	You had better prepare a resume and a cover letter in advance.

단어와 표현 Words and expression

취업	get a job	사이트	site	• 개인시간이 많은 회사
졸업	graduation	이력서	resume	the company which one
무역회사	trade company	자기소개서	cover letter	can have own time in
위하다	for	미리	in advance	• 몇 군데
안내	information			several places

모집 Jop offer

◈ 자격: 신입/경력0명 대졸
New/Experienced person, Bachelor's degree
◈ 모집 분야: 무역/무역사무/수출입담당자
exports and imports business
◈ 외국어 능통자 우대
Prefer: fluent second language speaker
◈ 1차: 서류 1st: Resume
2차: 면접 2nd: Interview
◈ 문의처: 한국 무역 인사과(☎ 123-4567)
Call: Hanguk Trade department(02-123-4567)

근무시간 working hours

• 오전/오후/야간/심야/종일
• morning/afternoon/evening/
midnight/full-time

급여별 salary

• 시급/일급/주급/월급/연봉
• hourly/daily/weekly/
monthly/annual

● 외국인의 취업을 도와주는 사이트
Site address for foreigners to get a job
http://jobs.seoul.go.kr
http://ijunodong.prok.org/index.php
http://global.seoul.go.kr

● 어떤 직종을 원하세요?
What kind of job would you like to have?

● 취직할 때는 근무 조건을 잘 알아봐야 합니다.
You should check working conditions
carefully when to get a job.

● 전에 일한 경력이 있으면 취업이 유리합니다.
If you had an experience before, you can have
an advantage to get a job.

※ 저는 경력사원으로 입사하고 싶습니다.
I'd like to enter a company with
my experience.

※ 생활정보지에도 구인 광고가 많이 있어요.
There are many advertisements for
job offers in the newspapers.

※ 취업박람회에도 가 볼 거예요.
I will have a plan to go to Career fair.

● 업종에 따라 준비해야 할 서류가 다르기도 합니다.
Depends on types of business, documents to be
prepared are different.

● 한국어를 잘 하면 취업이 좀 더 쉬워요.
If you speak Korean well, it is easier to get a job.

● 중소기업이 대기업보다 좋은 점도 있어요.
There are some good points in small companies
than large companies.

● 요즘 신입사원 모집 광고가 많이 있어요.
There are lots of advertisements for hiring
new employees recently.

한번 들어가 봐야겠네요. I should try to long on someday.

| 한번 | 먹어
찾아
만나
읽어 | 봐야겠네요. |

미리 잘 준비해 두세요. Prepare it will in advance.

| 그 회사에 대해 잘
이 채소를 요리하기 전에
수영하기 전에 준비운동을
아이스크림은 냉장고에 | 알아
씻어
해
보관해 | 두세요. |

Tip   뿌린 대로 거둔다.

● 뿌린 대로 거둔다. As a man sows, so he shall reap.

The amount of effort you put into something
determines how much you will get out of it.

면접 보러 가는데 걱정돼 죽겠어요.
I'm worried about an interview.

왕웨이	팜타이 씨, 내일 면접 보러 가는데 걱정돼 죽겠어요.
팜타이	걱정 마세요. 왕웨이 씨는 잘 할 수 있을 거예요.
왕웨이	무슨 옷을 입어야 할지 모르겠어요.
팜타이	너무 화려한 옷보다는 단정한 정장이 좋아요.
왕웨이	그런데, 면접 볼 때 특별히 주의해야 할 것이 있나요?
팜타이	첫인상이 중요하니까 자신감 있는 표정으로 말하세요.
	그리고 그 회사에 대한 정보를 좀 알아 두세요.
왕웨이	그렇군요. 고마워요.

Wang Wei	Pham Thai, I have an interview tomorrow, I'm worried about that.
Pham Thai	Don't worry. You can do well.
Wang Wei	I'm not sure about what to wear.
Pham Thai	A simple suit will be better than luxury clothes.
Wang Wei	Buy the way, is there anything I should keep in mind when interview?
Pham Thai	The first impression has a great impact, so face them with a confidence face. And gather background information on the company as well.
Wang Wei	Oh I see. Thanks.

단어와 표현 Words and expression

화려하다	be luxury	첫인상	first impression	• 면접 볼 때	
단정하다	simple	자신감	confidence	when to have an interview	
정장	suit	표정	expression	• 걱정돼 죽겠어요.	
주의하다	keep in mind	정보	information	Be worried.	

표정 Facial expression

● 찡그린 표정은 좋지 않아요.

A frowny face is bad.

❀ 화난 표정은 좋지 않아요.

An angry face is bad.

● 미소 띤 표정이 좋아요.

A smiling face is good.

자세 Attitudes

● 다리를 꼬고 앉지 마세요.　Not to sit on crossing one's legs.

❀ 다리를 흔들지 마세요.　Not to shake one's legs.

● 편하고 바르게 앉는 게 좋아요.　To sit straits up in the chair

복장 Clothes

● 찢어진 청바지는 안 돼요.

Not to wear distressed jeans.

❀ 너무 짧은 치마는 안 돼요.

Not to wear a miniskirt.

● 깨끗하고 자연스러운 옷이 좋아요.

Good to wear neat and natural clothes.

● 자기소개와 지원 동기는 꼭 준비하세요.
  You should prepare self-introduction
  and motivation to apply.

● 면접을 볼 때는 높임말을 써야 합니다.
  You should use polite expressions
  when interview.

❀ 우리 회사에 지원한 동기가 무엇입니까?
  Why did you apply to our company?

❀ 우리 회사에 대해 아는 대로 말씀해 보세요.
  Please tell us what you know
  about our company.

❀ 상사와 갈등이 생겼을 때 어떻게 하겠습니까?
  How do you handle the trouble
  with your boss?

❀ 외근이나 출장이 많은데 괜찮습니까?
  Are you willing to work outside or to go on
  a business trip a lot?

❀ 당신의 장단점을 얘기해 보세요.
  Please tell us what your strengths and
  weaknesses are.

❀ 우리 회사에서 가장 하고 싶은 일은 무엇입니까?
  In what type of position are you most interested
  in our company?

❀ 어떻게 우리 회사를 알게 되었습니까?
  How did you learn of our company?

❀ 가장 자신 있는 분야는 무엇입니까?
  What is your main field?

무슨 옷을 입어야 할지 모르겠어요. I am not sure what to wear.

어디로	가	
무엇을	먹어	야 할지 모르겠어요.
어느 것을	사	
무슨 노래를	불러	

화려한 옷보다는 단정한 정장이 좋아요.
A simple suit will be better than luxury clothes.

몸에는	짠 음식		싱거운 음식이	좋아요.
저는	치마	보다는	바지를	자주 입어요.
한국은	가을		겨울이	길어요.
때로는	이메일		편지가	더 반가워요.

Tip 하늘의 별따기.

● 하늘의 별따기.

To catch a star in the sky.

It means that
it is an almost
impossible thing.

48 여권이 찢어졌어요.
My passport was torn.

왕웨이	제가 어제 여권이 든 바지를 세탁기에 넣고 돌리는 바람에 여권이 찢어졌어요. 어떡하지요?
팜타이	그럼, 대사관에 가서 재발급을 받아야 해요.
왕웨이	출입국관리소에서는 할 수 없나요?
팜타이	제가 알기로는 할 수 없는 것 같아요.
왕웨이	그럼 비자 연장은 어디에서 해요?
팜타이	그건 출입국관리소에서 할 수 있어요.
왕웨이	바쁜데 대사관까지 갈 생각을 하니 걱정이에요.
팜타이	그래도 중요한 일이니까 서두르세요.

Wang Wei	My passport was torn due to putting it in a washing machine. What should I do?
Pham Thai	Then you should reissue it at the embassy.
Wang Wei	Can I do it at the immigration office?
Pham Thai	I don't think so.
Wang Wei	Then where can I extend my visa?
Pham Thai	It is possible at the immigration office.
Wang Wei	When I think about going to the embassy, I feel worried because I'm so busy.
Pham Thai	Even so, you should be in a hurry because it is an important thing.

단어와 표현 Words and expression

여권	passport	출입국관리소	immigration office	• 제가 알기로는	
찢어지다	be torn	비자연장	extend one's visa	as I know	
대사관	embassy	서두르다	be in a hurry		
재발급	reissue				

신 원 보 증 서

1. 피보증외국인 a warrantee

성	Surname 왕	漢字 caligraphy	성	남
명	Given names 웨이		별	여

생 년 월 일 year month date	1988. 3. 5	국 적 nationality	중국	여권번호 passport number	JC3456

대한민국내 주소 Korean address	서울특별시 종로구 이태원동 xx번지	전화번호 Tel.	02)123-3456

체 류 목 적 purpose	유학

2. 신원보증인 a reference

가. 인적사항 personal information

성 명 name	김민수		漢字 caligraphy	성 별	남 여

여 권 번 호 또 는 주 민 등 록 번호 I.D number	830101-1277xxx	국 적	대한민국
		전화 번호	02)234-5678

주 소 address	서울특별시 강남구 논현동 OO아파트 1동 111호

근 무 처 Job address	한국무역

피보증외국인과 관계 relation with sponser	친구	직 위 position	대리

근 무 처		비 고	

위 신원보증인은 피보증외국인이 대한민국에 체류함에 있어서 그 신원에 이상
이 없음을 확인하고 위 사항을 보증합니다.
The person is a certified resident alien without any problems involving
the stay in Korea.

2009년 3월 3일

신원보증인(서명 또는 인)

23236-08721일
99. 1. 22. 승인

210㎜×297㎜
(일반용지 60g/㎡)

● 비자(visa)를 '사증'이라고도 말해요.
We can say 'Sajeung' for visa.

● 비자를 발급 받을 때는 수수료를 내야 합니다.
There is an issuance fee when you issue a visa.

● 비자 기간이 만료됐어요.
My visa is expired.

● 불법체류자가 되면 위험해요.
It is dangerous to be an illegal immigrant.

● 재입국 허가를 받아야 합니다.
You should get permission for re-entry.

● 체류 기간 연장 허가를 받으세요.
You should get permission for extension of stay.

● 여권용 사진은 보통사진과 크기가 달라요.
The size of passport photo is unlike other regular photo's.

● 어학연수(D-4)와 방문취업(H-2)하는 사람이 많아요.
There are many people who go for a general training (D-4) and a visit family and employment (H-2).

● 유효기간이 만료된 여권일 경우 입국할 수 없습니다.
You can not enter a country with the expired passport.

● 체류자격변경 신청을 해야 합니다.
You should apply for changing of status.

🧑 세탁기에 넣고 돌리는 바람에 여권이 찢어졌어요.

My passport was torn due to putting it in a washing machine.

뛰어가다	넘어지는		다리를 다쳤어요.
배가	아픈	바람에	시험을 망쳤어요.
너무	서두르는		책을 놓고 왔어요.
지갑을	잃어버리는		점심을 못 먹었어요.

👩 바쁜데 대사관까지 갈 생각을 하니 걱정이에요.

When I think about going to the embassy, I feel worried because I'm so busy.

고향에	갈		기분이 좋아요.
보너스	받을	생각을 하니	행복해요.
여자친구를	만날		즐거워요.
시험	볼		걱정 돼요.

Tip **비자를 먹을까요?**

● 비자를 먹을까요?

"우리 비자를 먹을까요?"
Shall we have Biza?

"비자?"
Biza?

"네, 피자"
OK. Pizza!

"아~ 피자!"
Oh, Pizza!

"발음을 조심하세요." Be careful the pronunciation.

- 아빠/오빠(Daddy/Brother)
- 맛있어요/멋있어요(be delicious/ be nice)
- 선생/생선(teacher/fish)
- 방/빵(room/bread)

김덕신
충남대학교 국어국문학과 문학 박사
현)충남대학교 언어교육원 전임연구원
저서:『외국인을 위한 한국어1』(공저)

김수미
충남대학교 국어국문학과 박사 수료
현)공주영상대학 한국어교육원 강사
주요논문:「한국어 학습자를 위한 연결어미 교육 연구」

김숙자
고려대학교 중국어문정보학과 박사 수료
현)목원대학교 국제교육원 강사
저서:『영화로 배우는 한국어』(공저)

라인정
충남대학교 국어국문학과 문학 박사
현)금강대학교 금강어학원 전임연구원
주요논문:「이물교구설화 연구」

안연희
충남대학교 국어국문학과 박사 과정
현)우송대학교 한국어교육원 강사
주요논문:「중국인 학습자의 한국어 종성 발음 교육 연구」

영문 번역 안현주
충남대학교 심리학과 졸업
현) 한국델파이 비서실 근무

감수 랄프 윤 Ralph yune
New York University